Abkürzungen

EL	Esslöffel	TK	Tiefkühl…
TL	Teelöffel	kcal	Kilokalorien
kg	Kilogramm	kJ	Kilojoule
g	Gramm	EW	Eiweiß
mg	Milligramm	F	Fett
l	Liter	KH	Kohlenhydrate
ml	Milliliter	Bd.	Bund
cl	Zentiliter	Msp.	Messerspitze
gestr.	gestrichen	1 kJ = 0,239 kcal	
geh.	gehäuft	1 kcal = 4,184 kJ	

Impressum

compact via ist ein Imprint der Compact Verlag GmbH

© 2011 Compact Verlag GmbH München

Redaktion: Isabel Martins
Einleitungstext: Rose Marie Donhauser
Umschlaggestaltung und Layout: h3a GmbH, München

ISBN 978-3-8174-8389-1
2011 2012 2013 2014 2015 2016   10 9 8 7 6 5 4 3 2 1

www.compact-via.de

Inhaltsverzeichnis

Fisch – feine und gesunde Abwechslung

In Meeren, Seen und Flüssen leben Fische unzähliger Arten, Sorten, Farben, Formen und Größen. Eine Vielfalt, die auf dem Teller gesund, abwechslungsreich und lecker ist.

Rundum gesund

Vor allem das Eiweiß macht Fisch gesund: Aus 100 g Fischeiweiß kann der Mensch bis zu 94 g körpereigenes Eiweiß aufbauen. Hinzu kommen die Omega-3-Fettsäuren, die besonders Seefische aus kalten Gewässern, wie z. B. der Lachs, enthalten. Diese Fettsäuren senken Blutfette und schützen unser Herzsystem. Salzwasserfische versorgen uns außerdem mit Jod, das die Schilddrüse zur Hormonherstellung braucht.

Wie erkennt man frischen Fisch?

◆ **Augen:** prall, glänzend, klar, mit durchsichtiger Hornhaut
◆ **Haut:** glatt, glänzend, straff
◆ **Kiemen:** hellrot, leuchtend, fest anliegend
◆ **Schuppen:** festsitzend, anliegend, mit einer feinen durchsichtigen Schleimschicht überzogen
◆ **Muskelfleisch:** fest, aber elastisch, glatte Oberfläche
◆ **Mittelgräte bei frischem Fisch:** keine Verfärbung, sitzt sehr fest
◆ **Geruch:** angenehm frischer Geruch nach Meer und Seeluft

Vom Fischhändler, TK oder aus der Dose

Kaufen Sie frischen Fisch am besten im Fachgeschäft, wo Sie auch beraten werden. Frische Fische sollten auf Eis oder in speziellen Kühltheken angeboten werden. Lassen Sie ihn im Fachgeschäft küchenfertig vorbereiten: ohne Kopf, teilweise in Stücke geschnitten, gehäutet, filetiert und ausgenommen. Legen Sie ihn zu Hause auf einen umgedrehten Suppenteller in eine Schüssel auf Eis, sodass das Wasser ablaufen kann. Gesäuberte Fische halten sich nur 1 Tag im Kühlschrank.
Alternative Tiefkühlfisch: Sie werden bereits auf dem Meer auf riesigen Schiffen mit integrierten Kühl-, Gefrier- und Fertigungsanlagen verarbeitet und direkt schockgefrostet. Das Ergebnis ist »seegefrosteter Fisch« von einwandfreier Qualität. Thunfisch, Sardinen und Heringe werden auch in der Dose angeboten. Sie sind hitzesterilisiert und ohne Konservierungsmittelzusatz. Daneben gibt es Halbkonserven wie Bismarckheringe, Rollmöpse oder Geleeheringe, die nicht hitzesterilisiert sind; besonders diese beinhalten Zusätze von chemischen Konservierungsstoffen (Zusatzangaben lesen!).

Gut vorbereitet ist halb zubereitet

◆ **Schuppen:** Fisch auf eine rutschfeste Unterlage mit dem Schwanzende zum Körper legen. Dann am Schwanz mit einem Küchentuch festhalten und mit einer flach gehaltenen Messerklinge in Richtung Kopf die Schuppen abstreifen. Danach immer unter fließendem kaltem Wasser gründlich waschen. Nur beim Blaukochen wird der Fisch nicht geschuppt.

◆ **Ausnehmen:** Erst nach dem Schuppen die Flossen mit einer Schere abschneiden und Fisch auf der Bauchseite von der Afterflosse bis zwischen die Kiemen aufschneiden. Innereien vorsichtig auf einmal herausnehmen. Bauchraum mit kaltem Wasser reinigen.

◆ **Häuten:** Plattfische am Kopfende einschneiden und Haut bis zur Schwanzflosse hin abziehen. Rundfische erst nach dem Filetieren häuten.

◆ **Filetieren:** Küchenfertigen Plattfischen (z.B. Scholle, Seezunge) mit einer Schere rundum den Flossensaum abschneiden. Dann mit einem spitzen Messer entlang der Mittelgräte schneiden und die beiden Filets nach außen hin arbeitend heraustrennen. Fisch wenden und nach derselben Methode vorgehen.
Rundfische (z.B. Forelle) am Rücken entlang, vom Kopf ausgehend, oberhalb der Mittelgräte tief und durchgehend einschneiden. Mit Querschnitten an Kopf und Schwanz das Filet vorsichtig herauslösen. Fisch wenden und nach derselben Methode verfahren.

◆ **Entgräten:** Rohe Fischfilets am besten über die Arbeitsbrettkanten legen und sachte mit der Hand darüberstreifen. Wird etwas Spitzes bemerkt, an der Stelle mit einer Pinzette oder Fischzange ansetzen. Beim Herausziehen der Gräten das umliegende Fischfleisch mit den Fingern etwas zurückhalten, damit es nicht mit herausgelöst wird.

Fisch ist nicht gleich Fisch

Süßwasserfische leben in stehenden Gewässern wie etwa Seen oder Teichen oder in Fließgewässern wie Flüssen und Bächen. Salzwasserfische stammen aus den Weltmeeren. Fische, die ihren Lebensraum wechseln können, nennt man Wanderfische.

Die beliebtesten Süßwasserfische

◆ **Flussbarsch:** bis zu 40 cm lang und 3 kg schwer; lebt in Seen, Bächen und Flüssen, vornehmlich in Europa und Nordasien. Er liefert mageres, weißes Fleisch, hat aber viele Gräten und eignet sich v.a. zum Braten.

◆ **Zander:** fettarm und v.a. zum Braten und für Fischfarcen geeignet. Mit 40–80 cm und bis zu 6 kg im Verkauf.

◆ **Brasse:** auch Blei oder Brachse, ein schmaler Karpfenfisch. Das eher weiche Fischfleisch schmeckt gegrillt, geräuchert oder gekocht.

◆ **Forellenfische:** auch Salmoniden. Die Familie umfasst zahlreiche Speisefische wie Äschen, Felchen (Renken) und Forellenarten. Sie eignen sich zum Blaukochen, Schmoren, Backen, Grillen, Garen in Folie oder Dünsten.

◆ **Saibling:** zählt zu den Forellenfischen, stammt aus klaren, kalten Gebirgsseen und -flüssen bzw. aus Zuchtfarmen. Er wird im Ganzen gekocht, gebraten, gegrillt oder seine Filets werden gedünstet, pochiert und gedämpft.

TIPP

3-S-Regel«: Für Fische gilt bei Köchen immer noch die alte Grundregel: säubern, säuern und salzen – genau in dieser Reihenfolge. Durch das Säuern, entweder mit Essig oder Zitronensaft, zieht sich das Fischfleisch zusammen und bleibt bei der Zubereitung stabiler. Würde man den Fisch zuerst salzen, würde das Salz abträufeln.

◆ **Karpfen:** Wildfische in Europa und Asien, ca. 40 cm lang und mit ca. 2 kg. Es gibt 3 Arten: Lederkarpfen, Spiegelkarpfen und Schuppenkarpfen. Am besten schmecken junge Karpfen und Karpfenmännchen vor der Geschlechtsreife.

Die beliebtesten Salzwasserfische

◆ **Thunfisch:** einer der wenigen Warmblüter unter den Fischen. Frisches Fleisch ist fest und hat kaum Gräten. Selten erhält man ganze Fische, weil sie bis zu 3 m lang und über 100 kg schwer werden können. Der Bonito, die wirtschaftlich bedeutendste Thunfischart, wird 1 m lang und bis zu 20 kg schwer.

◆ **Kabeljau:** auch als Dorsch im Angebot. Erreicht eine durchschnittliche Größe von 60 cm und ein Gewicht von 2 ½ kg.

◆ **Weißer Heilbutt:** bis zu 300 kg (!) schwer und bis zu 4 m lang, damit der größte Plattfisch. Doch je kleiner die Fische, desto schmackhafter ist das Fleisch.

◆ **Hering:** einer der wichtigsten Konsumfische. Der »neue« (junge) Hering wird in Holland gefangen und in Salzlake zu Matjes eingelegt. Als Bismarckhering werden in Essig roh eingelegte Heringsfilets bezeichnet. Aufgerollt heißt er Rollmops, gebraten und in Essig eingelegt Brathering. Saison hat er von April bis November. Kleine Heringe von 10–15 cm nennt man auch Sprotten, geräuchert Kieler Sprotte oder eingelegt (unechte) Anchovis.

◆ **Sardine:** bis zu 25 cm lang, kräftig im Geschmack, gebraten oder gegrillt serviert.

◆ **Sardelle:** kleinere Schwester der Sardine. Besonders im Mittelmeerraum sind sie gebraten oder frittiert eine Delikatesse. Ein Großteil wird gesalzen und konserviert als (echte) Anchovis verkauft.

◆ **Lachs:** wird den Wanderfischen zugeteilt, weil er den größten Teil seines Lebens zwar im Meer verbringt, aber zur Fortpflanzung in die Flüsse aufsteigt. Wildlachs ist selten und teuer. Fast der ganze Lachskonsum wird durch Aquafarmen in Norwegen und Kanada abgedeckt. Er hat festes, rosafarbenes Fleisch und wird frisch, geräuchert, gebeizt oder verarbeitet angeboten.

◆ **Makrele:** ein Zugfisch. Bewegt sich in großen Schwärmen am Nordkap, an der europäischen Atlantikküste, in Ostsee und Mittelmeer.

Der bis zu 1 kg schwere und ca. 40 cm lange Wanderer kommt vor allem geräuchert, gesalzen und tiefgekühlt, aber auch im Ganzen frisch in den Handel.

◆ **Rotbarsch:** auch Goldbarsch, bis zu 1 m lang und bis zu 15 kg schwer. Gehört zur Familie der Stachelflosser und lebt im Nordatlantik. Das feste, hellrosa und fettreiche Fleisch gelangt überwiegend als TK-Ware in den Handel.

◆ **Scholle:** auch Goldbutt. Ein Plattfisch, der an vielen rötlichen Flecken auf der Haut erkennbar ist. Er lebt in Nordsee, Nordostatlantik und Mittelmeer. Im Mai sind die jungen, bis zu 30 cm langen Fische im Ganzen sehr begehrt, größere Fischexemplare werden in Filets geschnitten angeboten.

◆ **Seelachs:** auch Köhler, gehört zur Familie der Weichflosser. Das feste, würzig pikante Fleisch vom Seelachs wird frisch und tiefgefroren als

TIPP

Fische wie Hering oder Makrele haben mehr als 10 % Fettanteil, mittelfette Fische wie Wildlachs, Thunfisch, Sardine, Sardelle, Karpfen, Forelle oder Rotbarsch 1–10 % und fettarme Fische wie Kabeljau, Zander, Hecht, Scholle oder Seelachs weniger als 1 % Körperfett.

Filets angeboten. Auch geräuchert, gedörrt oder als Salzfisch kommt er in den Handel.

◆ **Seeteufel:** Die Hälfte des bis zu 2 m langen Fischs, auch Lotte genannt, nimmt der (gespenstisch aussehende) Kopf ein, aber dieser sowie die

Haut werden bereits nach dem Fang entfernt. Im Angebot sind Schwanzstück, Filets und Medaillons.

◆ **Schellfisch:** Verwandter vom Kabeljau und an seiner tiefschwarzen Seitenlinie erkennbar. Das feste, fettarme Fischfleisch ist besonders gebraten, gekocht, pochiert und geräuchert beliebt.

Meeresfrüchte: aus Poseidons Tiefen

Der Begriff »Meeresfrüchte« umfasst alle genießbaren Meerestiere, die keine Fische oder Wale sind, sowie einige Süßwassertiere. Überall auf der Welt werden sie mal pur, mal exotisch gegart genossen.

Wertvolle Gesundheit

Meeresfrüchte sind meist nicht nur kalorienarm, sondern liefern auch wertvolles Eiweiß. Krustentiere enthalten neben Eiweiß viele Vitamine, vor allem Niacin und Vitamin B_{12}. Dazu kommen Mineralstoffe wie Zink und Kupfer, allerdings auch viel Cholesterin. Schal- und Weichtiere wie Muscheln und Tintenfische sind reich an Eiweiß und an Mineralstoffen, zudem enthalten sie wenig Fett und Cholesterin.

Bunte Vielfalt

Meeresfrüchte werden in Krustentiere, Schaltiere und Weichtiere eingeteilt.

Krustentiere

Das sind alle in Meereswasser – oder, wie der Flusskrebs, in Süßwasser – lebenden wirbellosen Tiere, deren Körper von Panzern geschützt werden. Sie

schwimmen nicht, sondern bewegen sich gehend. Das charakteristische Rot vieler gegarter Exemplare entwickelt sich erst durch die Wärmezufuhr beim Kochen.

◆ **Hummer:** der edelste Vertreter unter den Meeresfrüchten. Er besitzt 2 Scheren. Der Amerikanische Hummer ist bis zu 9 kg schwer, der Norwegische nur 400 – 800 g. Hummer haben von Oktober bis Dezember Saison. Im Handel: lebend, frisch gekocht oder tiefgekühlt. Sie sind reich an Kalium, Zink und Niacin.

◆ **Languste:** wird weltweit gefangen und wiegt 800 – 2000 g und ist 30 – 50 cm lang.

Die Europäische Languste lebt überwiegend vor Norwegen und Schottland; man erkennt sie an weißen Flecken auf dem violettbraunen Schwanzteil. Langusten sind leicht von Hummern zu unterscheiden, da sie keine Scheren, sondern lange Fühler besitzen. Atlantiklangusten sind meist rötlichbraun, Pazifiklangusten eher grünlich. Im Handel: lebend, frisch gekocht oder tiefgekühlt. Reich an Niacin, Zink und Vitamin B_{12}.

◆ **Kaisergranat:** wird mit seinen langen, schlanken Scheren gern als Norwegischer Hummer bezeichnet, auch Scampo, Langustine oder Tiefseekrebs. Gewicht um 100 g. Im Handel: gekocht oder tiefgefroren.

◆ **Flusskrebs:** sieht aus wie ein kleiner Hummer und lebt im Süßwasser, ca. 10 – 15 cm lang. Im Handel: lebend, gekocht oder tiefgefroren. Reich an Niacin, Vitamin B_{12}, Kalium, Phosphor und Kupfer.

◆ **Langostino:** wird auch Chilekrabbe genannt und ist ein sehr kleiner Vertreter der Hummergruppe aus dem Pazifik.

◆ **Garnele:** auch Langschwanzkrebs. Man erkennt sie am spitzen mittleren Schwanzfächerblatt. Sie werden in Salzwasser- und Süßwassergarnelen sowie Warm- und Kaltwassergarnelen eingeteilt.

TIPP

Shrimps ist der englische Begriff für kleine Garnelen, Prawn für große.

Im Handel: roh, vorgegart, frisch, tiefgefroren, mit oder ohne Kopf, mit oder ohne Panzer. Reich an Vitamin B_{12} und Niacin.

◆ **Riesengarnelen:** große Garnelenart. Hier gibt es allerdings keine offiziellen Standardisierungen.

◆ **Eismeergarnele:** auch Grönland- oder Tiefseegarnele genannt.

◆ **Cocktailgarnele:** eine Verarbeitungsform von Garnelen: geschält bis auf das letzte Panzersegment und den Schwanzfächer.

◆ **Tiger Prawn:** auch Black Tiger. Sie ist die größte Garnele im Krustentierangebot. Gefarmt oder gefischt im Indischen Ozean und Westpazifik.

◆ **Gambas:** spanische Bezeichnung für verschiedene kleinere Garnelen, aber auch die Handelsbezeichnung für ungeschälte Riesengarnelen mit Kopf, ca. 15 – 30 cm groß.

◆ **Scampi:** Plural von Scampo, gehören zur Hummergruppe. Die meisten Scampi leben in atlan-

tischen Küstengewässern und im Pazifik. Reich an Kalzium, Phosphor und Eisen.

◆ **Nordseekrabbe:** bis 9 cm groß; müsste eigentlich Nordseegarnele heißen.

◆ **Krabbe:** auch Krebs. Gemeint sind die »rundlichen« Tiere, die seitwärts laufen und Scheren haben. Sehr beliebt ist der Taschen- oder Kurzschwanzkrebs, aber auch

die kostbare Kamtschatka-Krabbe, oft Königskrabbe genannt.

◆ **Taschenkrebs:** bis zu 30 cm groß mit kräftigem bräunlichem Panzer aus Mittelmeer und Atlantik.

◆ **Große Seespinne:** lebt auf sandigen Meeresböden und hat lange, schlanke Scheren.

Schaltiere

◆ **Auster:** Nur geschlossene Austern sind lebendig. Es gibt flache und seltene Rundaustern sowie die häufigere tiefe oder bauchige Felsenauster. Größe von 4–10 cm je nach Sorte. Jede Auster entwickelt einen für ihre Region typischen Geschmack. In der unteren tiefen Schale, dem »Becher«, befindet sich das Fleisch und wird vom »Deckel«, der oberen Schale, geschützt. Maximal 5 Tage bei 2–7 Grad lagern. Die tiefe Schale soll dabei unten liegen.

◆ **Mies- oder Pfahlmuschel:** Werden bis zu 8 cm groß und kommen fast überall an Meeresküsten vor. Im Handel: lebend (auf geschlossene Schalen achten), ohne Schalen im Glas oder TK-Ware. Reich an Eisen, Zink, Jod und Selen sowie Vitamin A, C, E und Vitaminen der B-Gruppe.

◆ **Venusmuschel:** auch Vongole. Familie mit über 500 Arten, v. a. im Mittelmeer heimisch.

Im Handel: lebend in geschlossenen Schalen, konserviert ohne Schalen und als TK-Ware.

◆ **Herzmuschel:** auch Coque. Diese äußerst delikate Muschel wird an den westeuropäischen Küsten industriell gefischt.

◆ **Jakobs- oder Pilgermuschel:** Besonders bekannt ist die große Pilgermuschel Coquille Saint Jacques aus der Bretagne. Aus den USA stammen die Queen Scallops und Bay Scallops.

Weichtiere

Wirbellose Tiere mit weichen Körpern, zu denen Kalmar, Oktopus und Sepia zählen. Sie werden als Tintenfisch bezeichnet. Sie besitzen keine Außen-schalen, sondern Innenknorpel und Saugarme. Bei drohender Gefahr stoßen sie Tinte aus. Kulinarisch gesehen sind alle 3 Arten gleich beliebt. Dabei werden der schlauchförmige Körper, die mit Saugnäpfen besetzten Fangarme und der Kopfteil im Handel entweder in ganzen Stücken oder bereits geschnitten angeboten.

◆ **Sepia** (Gemeiner Tintenfisch): hat einen schlauchförmigen Körper und kurze Fangarme.

◆ **Kalmar:** hat einen längeren Körper und längere Fangarme als die Sepia.

◆ **Oktopus:** der größte Tintenfisch, auch Krake genannt.

Einkauf

Gut sortierte Fischgeschäfte bieten auch Meeresfrüchte an. »Frisch« heißt hier meist »lebend«: Hummer oder Languste gibt es aus dem Bassin. Wer das nicht mag, kann auf ein riesiges TK-Angebot zurückgreifen, das gegenüber den lebenden Tieren kaum Qualitätseinbußen hat. Auch im Kühlregal finden sich Meeresfrüchteprodukte wie gegarte und ausgelöste Flusskrebsschwänze, Cocktailgarnelen oder ausgelöste Muscheln.

TIPP

Bei frischem Tintenfisch zieht man die Haut ab und entfernt den Beutel oberhalb der Augen sowie die Fangarme – der Mittelteil wird nicht verwendet. Fangarme umstülpen und Kauwerkzeuge (kleiner dunkler Stachel) wegschneiden. Der übrige Körper kann in Ringe geschnitten werden.

Lagerung

Fangfrische Meeresfrüchte werden am besten am Tag des Einkaufs verarbeitet. Im Kühlschrank sollten sie luftdicht in Folie verpackt sein. Tiefkühlprodukte sollten im Kühlschrank auftauen.

TIPP

Der Austernliebhaber beträufelt die rohe Auster nach Belieben mit etwas Zitronensaft, setzt die Schale an den Mund und schlürft die Auster mit ihrem Wasser in einem Schluck hinunter.

Nützliche Utensilien

Krusten-, Weich- und Schalentiere ausnehmen ist kinderleicht, vorausgesetzt man hat die richtigen Gerätschaften und weiß, wie man mit Muscheln & Co. umgeht.

◆ **Kettenhandschuh:** So einen braucht man, um beim Austernöffnen einen besseren Halt an der Schale zu haben und nicht abzurutschen. Das Verletzungsrisiko beim Öffnen der kantigen, scharfen Schalen ist nicht zu unterschätzen.

◆ **Austernmesser:** ein kurzes Messer mit einer sehr starken Klinge, das zwischen den Schalen angesetzt wird und hilft, den starken Schließmuskel zu durchtrennen.

◆ **Hummergabel:** eine kleine zweizinkige Gabel mit langem Stil, mit der Krebs- oder Hummerfleisch aus den Scheren gelöst wird.

◆ Großes, langes und schweres **Messer:** Mit diesem wird z. B. der gekochte Hummer längs halbiert. Auch die Hummerscheren werden mit dem Messerrücken so angeschlagen, dass sie mit den Händen oder einer Küchenschere zu teilen sind.

◆ **Küchenschere:** Eine sehr starke, feste Küchenschere hilft, den Panzer des Hummers aufzuschneiden. Manchmal ist auch ein einfacher Nussknacker hierfür hilfreich.

So werden sie gegessen

◆ **Scampi und Garnelen:** Ihnen wird der Kopf durch ruckartiges Drehen abgenommen. Das Schwanzende fest zwischen Zeigefinger und Daumen nehmen und durch Hin- und Herbewegen abziehen.
Den Panzer von der Bauchseite aus lösen und abschälen. Dann am Rücken entlang aufschneiden und den Darm herauslösen. Mit kaltem Wasser abspülen und trocken tupfen.

◆ **Austern:** Fest mit einem Handtuch halten und mit der anderen Hand ein festes Messer zwischen die Schalenhälften schieben.
Das Messer nun kraftvoll hin- und herbewegen, sodass der Schließmuskel durchtrennt wird und sich die Auster aufklappen lässt. Wasser abkippen und das Fleisch lösen.

◆ **Hummer:** Beim gekochten Hummer trennt man Schwanz und Kopf voneinander, indem man leicht dreht und zieht. An der unteren Seite des Schwanzes den dünnen Chitinmantel mit einer Schere rechts und links aufschneiden und wie einen Deckel abheben, dann das Fleisch herausnehmen. Das Schwanzfleisch am Rücken entlang einschneiden und den schwarzen Darmfaden herausziehen. Die Scheren lösen sich durch eine Drehbewegung vom Körper. Dann mit dem Messerrücken anschlagen, längs mit der Küchenschere aufschneiden und das Fleisch auslösen.

KLEINE
GERICHTE

Krabbencocktail *(Abb. S. 11)*

Für 4 Personen:	1 Bd. Dill	Cayennepfeffer	Zubereitungszeit:
125 g Stangensellerie	100 g Crème fraîche	200 g gegarte, geschälte	25 Min.
½ Bd. Rucola	100 g Sahne	Nordseekrabben	
1 rote Grapefruit	1 EL Tomatenketchup	200 g gegarte, geschälte	Nährwerte pro Person:
200 g Chicorée	2 EL Cognac	Eismeergarnelen	324 kcal, 1356 kJ,
1 Bd. Schnittlauch	Salz		22 g EW, 17 g F, 15 g KH

Stangensellerie putzen, waschen und in sehr feine Würfel schneiden. Rucola waschen, trocken schütteln und grobe Stielenden entfernen.

Die Grapefruit mit einem scharfen Messer so schälen, dass die weiße Haut mit entfernt wird. Fruchtfilets vorsichtig auslösen und darauf achten, dass die Haut von den Grapefruitschnitzen vollständig entfernt wird. Die Filets in mundgerechte Stücke schneiden.

Chicorée putzen, waschen und die einzelnen Blätter vorsichtig vom Strunk lösen, dabei die Blätter ganz lassen. Schnittlauch waschen, trocken schütteln und in feine Röllchen schneiden. Dill ebenfalls waschen, trocken tupfen und feste Stängelenden abschneiden, dann fein hacken.

Crème fraîche, Sahne, Tomatenketchup und Cognac mit einem Schneebesen gut vermengen. Mit Salz und Cayennepfeffer abschmecken.

Sellerie und Grapefruit mit Nordseekrabben sowie Eismeergarnelen vermengen. Schnittlauch, Dill und die vorbereitete Soße unterheben.

Chicoréeblätter dekorativ auf 4 Teller verteilen. Zuerst Rucola in die Schiffchen geben und dann den Krabbencocktail darauf anrichten.

BEILAGE
Servieren Sie dazu warmes Ciabattabrot oder frisch geröstetes Toastbrot.

Tramezzini al tonno

Für 4 Personen:	2 TL Zitronensaft	Zubereitungszeit:
2 Dosen Thunfisch (im	Salz	15 Min.
eigenen Saft, à 185 g)	Pfeffer aus der Mühle	
1 EL Kapern	4 schöne Salatblätter	Nährwerte pro Person:
2 TL Pistazien, geschält	8 Scheiben Sandwichbrot	448 kcal, 1874 kJ,
100 g Ricotta		26 g EW, 18 g F, 46 g KH

Thunfisch in einem Sieb abtropfen lassen und mit einer Gabel grob zerpflücken. Kapern und Pistazien hacken.

Thunfisch, Kapern und Pistazien in einer Schüssel mit dem Ricotta vermischen. Mit Zitronensaft, Salz und Pfeffer würzig abschmecken.

Salatblätter waschen und trocken tupfen oder schleudern, dicke Blattrippen flach schneiden. Die Hälfte der Sandwichscheiben mit Salat belegen und mit der Creme gleichmäßig bestreichen.

Übrige Brotscheiben auflegen, an den Rändern festdrücken und vor dem Servieren diagonal in Dreiecke schneiden.

VARIANTE
Auch gut als Füllung für die Tramezzini: Forellencreme. 2 geräucherte Forellenfilets grob hacken und mit 2 EL Crème fraîche, 1 EL Zitronensaft und 1 TL mittelscharfem Senf vermengen. Salzen und pfeffern und mit dem Stabmixer pürieren.

Ceviche vom Lachs

Für 4 Personen:
450 g sehr frisches Lachs-
filet (z. B. aus Norwegen)
50 g rote Zwiebeln
1 Bd. Koriander
35 ml Olivenöl
50 g ausgelöste Limetten-
filets
15 ml Limettensaft
abgeriebene Schale von
1 Limette (unbehandelt)
Salz
Pfeffer
1 Salatgurke
½ Kopf Eisbergsalat

Zubereitungszeit:
15 Min.
Marinierzeit:
15 Min.

Nährwerte pro Person:
285 kcal, 1192 kJ,
23 g EW, 19 g F, 6 g KH

1 Lachsfilet abbrausen, trocken tupfen und bei Bedarf Gräten entfernen. Fisch in kleine Würfel schneiden. Zwiebel abziehen und in feine Würfel scheiden. Koriander kalt abbrausen, die Blättchen abzupfen und hacken.

2 Lachswürfel mit Olivenöl, Limettenfilets, -saft und -schale vermengen. Zwiebelwürfel zugeben und das Ganze mit Salz und Pfeffer abschmecken.

3 Die Gurke schälen und längs halbieren. Die Kerne entfernen und das Fruchtfleisch in feine Würfel schneiden. Unter den Lachs mengen. Das Ganze ca. 15 Minuten marinieren.

4 Eisbergsalat putzen und waschen. Dann in feine Streifen schneiden und in ein Cocktailglas geben. Lachs auf den Salat geben und servieren.

TIPP

Servieren Sie das Ceviche nach Wunsch mit Limettenzesten garniert.
Ceviche stammt ursprünglich aus Peru, ist heute aber in ganz Lateinamerika beliebt.

Tomaten mit Thunfischfüllung

Für 4 Personen:
8 Tomaten
Salz
weißer Pfeffer
1 Dose Thunfisch (im eigenen Saft, 185 g)
200 g Magerquark
1 TL abgeriebene Zitronenschale (unbehandelt)
1 EL Zitronensaft
1 Stück Zucchini (4–6 cm lang)
1–2 EL Kapern
1 Handvoll Basilikumblättchen

Zubereitungszeit:
20 Min.

Nährwerte pro Person:
167 kcal, 701 kJ,
18 g EW, 8 g F, 6 g KH

1 Tomaten kalt waschen, trocken tupfen, einen Deckel abschneiden und Fruchtfleisch mit einem Löffel vorsichtig herauslösen. Tomaten innen leicht salzen und pfeffern.

2 Thunfisch in einem Sieb abtropfen lassen und mit einer Gabel grob zerpflücken. Mit dem Quark, der Zitronenschale und gut der Hälfte vom Zitronensaft im Mixer oder mit dem Stabmixer cremig pürieren. Bei Bedarf 1–2 EL Wasser zufügen.

3 Das Stück Zucchini putzen, waschen und auf der Gemüsereibe fein raffeln. Die Kapern fein hacken. Basilikum abbrausen und trocken tupfen. Einige Blättchen zum Garnieren ganz lassen, die restlichen in feine Streifen schneiden.

4 Zucchinistücke, Kapern und Basilikumstreifen unter die Thunfischmasse mengen. Die Füllung mit Salz, Pfeffer und dem restlichen Zitronensaft würzen.

5 Die Thunfischmasse mit einem Löffel in die ausgehöhlten Tomaten füllen und die Deckel schräg aufsetzen. Mit Basilikumblättchen garnieren.

VARIANTE

Die Thunfischmasse eignet sich auch gut zum Füllen von ausgehöhlten Zucchinihälften oder halbierten Paprikaschoten. Auch als Brotaufstrich oder als Dip mit rohen Gemüsesticks schmeckt die Füllung.

Graved Forellen

Für 4 Personen:
Für die Forellen:
4 frische Forellenfilets
mit Haut
1 großes Bd. Dill
½ EL weiße Pfefferkörner
2 EL Salz
1 EL Zucker
Für die Senfsoße:
1 TL Senf
½ TL Zucker
Salz
weißer Pfeffer
1 EL Weißweinessig
4 EL Öl
½ Bd. Dill

Zubereitungszeit:
20 Min.
Marinierzeit:
1 Tag

Nährwerte pro Person:
265 kcal, 1109 kJ,
27 g EW, 15 g F, 6 g KH

1 2 Forellenfilets mit der Hautseite nach unten in eine Porzellanschüssel legen. Dill abbrausen, trocken schütteln, die Spitzen abzupfen und mit den Pfefferkörnern grob hacken.

2 Gehackten Dill und Pfeffer mit Salz sowie Zucker mischen und auf den 2 Forellenfilets verteilen. Die restliche Forellenfilets mit der Hautseite nach oben darauflegen.

3 Die Fischfilets mit Klarsichtfolie abdecken, ein Brett o. Ä. darüberlegen und beschweren. Die Forellen im Kühlschrank mindestens 1 Tag marinieren. Dabei die Schüssel gelegentlich herausnehmen und die Forellen in der Form wenden. Wenn sich Flüssigkeit in der Form gesammelt hat, die Fische damit beträufeln.

4 Für die Senfsoße kurz vor dem Servieren den Senf mit Zucker, Salz, Pfeffer, Essig und 1 EL Marinade aus der Schüssel verrühren. Das Öl kräftig unterschlagen. Dill waschen, trocken schütteln, die Spitzen abzupfen und unter die Soße mengen.

5 Forellenfilets aus der Form nehmen und die Dillmischung abstreifen. Die Filets leicht schräg von der Haut schneiden und dekorativ auf Tellern anrichten. Mit Senfsoße servieren.

VARIANTE
Die etwas bekanntere Variante mit Lachs kann auf die gleiche Weise hergestellt werden.

Tatar vom Heilbutt

Für 4 Personen:
200 g Heilbuttfilet, halb-
gefroren (Sushiqualität)
5 Knoblauchzehen
2 EL Sake
Sojasoße (z. B. von
Kikkoman)
1 EL Zucker
1 TL Sesamöl
1 TL helle Misopaste
2 sehr frische Eier
Öl zum Braten
Kresse zum Garnieren
(Shisokresse oder
Brunnenkresse)
4 Scheiben Toastbrot

Zubereitungszeit:
35 Min.

Nährwerte pro Person:
205 kcal, 858 kJ,
4 g EW, 7 g F, 16 g KH

Heilbuttfilet in feine Würfel schneiden. Knoblauchzehen schälen, 1 Zehe fein reiben. Sake, 4 EL Sojasoße, Zucker, Sesamöl, Misopaste und frisch geriebenen Knoblauch verrühren.

Die Marinade zum Heilbutt geben. Die Eier verquirlen und ebenfalls unterheben. Falls auf rohe Eier verzichtet werden soll, Eier ca. 4 Minuten kochen und anschließend gepellt und kleingeschnitten hinzugeben.

Den Heilbutt abgedeckt ca. 20 Minuten ziehen lassen. Anschließend nach Bedarf mit Sojasoße nachwürzen.

In der Zwischenzeit die übrigen Knoblauchzehen in feine Scheiben schneiden. Öl in einer kleine Pfanne erhitzen und Knoblauchscheiben darin goldgelb backen. Auf Küchenpapier gut entfetten lassen.

Kresse abbrausen und trocken tupfen. Nach Geschmack kleiner schneiden. Tatar mithilfe eines Vorspeisenrings auf 4 Toastscheiben anrichten. Mit der Kresse garnieren und den gerösteten Knoblauch dazu reichen.

TIPP

Sake ist japanischer Reiswein. Wird er getrunken, genießen die Japaner ihn vorzugsweise warm aus kleinen Porzellantassen.
Shisokresse stammt ebenfalls aus Japan und hat rote oder grüne Blätter. Im Geschmack ist sie pfeffriger als die bei uns heimischen Sorten.

Frittierte Sardinen mit Tomatensoße *(Abb. hinten)*

Für 4 Personen:
12 küchenfertige frische
Sardinen
2 Eier
Saft von 1 Zitrone
Salz, Pfeffer

Mehl zum Wenden
Pflanzenfett zum Frittie-
ren (z. B. von Biskin)
600 g vollreife Tomaten
2 Knoblauchzehen
6 EL Pflanzenöl

je 2 EL Petersilie und Ba-
silikum, frisch gehackt
1 EL Minzeblättchen,
frisch gehackt
Basilikumblättchen zum
Garnieren

Zubereitungszeit:
25 Min.

Nährwerte pro Person:
549 kcal, 2297 kJ,
47 g EW, 33 g F, 16 g KH

1 Die Sardinen abspülen und trocken tupfen. Eier mit Zitronensaft, Salz und Pfeffer verquirlen. Die Fische durch die Eiermischung ziehen, in Mehl wenden und im 160 Grad heißen Fett 4–5 Minuten frittieren. Auf Küchenpapier entfetten lassen.

2 Tomaten kreuzweise einritzen, überbrühen, häuten und vierteln. Das Fruchtfleisch grob würfeln. Den Knoblauch schälen und hacken.

3 Öl in einer Pfanne erhitzen und den Knoblauch darin anschwitzen. Tomaten zufügen, salzen, pfeffern und 10 Minuten bei geringer Hitze köcheln. Anschließend die Kräuter zufügen und 3–4 Minuten ziehen lassen.

4 Sardinen auf Tellern anrichten, mit Basilikumblättchen garnieren und noch warm mit der Tomatensoße servieren.

Kokosgarnelen auf Gurkencarpaccio *(Abb. vorne)*

Für 4 Personen:
1 Salatgurke
1 EL Sojasoße
2 EL Reisessig
2 EL Öl
Pfeffer aus der Mühle
rosa Pfefferkörner
2 EL Schnittlauch-
röllchen
8 geschälte Riesen-
garnelen
1 EL Speisestärke
1 Eiweiß, Salz
3 EL Kokosflocken
Pflanzenfett zum
Frittieren

Zubereitungszeit:
25 Min.

Nährwerte pro Person:
345 kcal, 1443 kJ,
23 g EW, 25 g F, 7 g KH

1 Die Salatgurke mit kaltem Wasser waschen, trocken reiben und putzen. Anschließend in dünne Scheiben schneiden oder hobeln und auf Tellern dachziegelartig auslegen.

2 Sojasoße, Reisessig und Öl gut verrühren und über die Gurkenscheiben träufeln. Mit frisch gemahlenem Pfeffer übermahlen und rosa Pfefferkörnern sowie Schnittlauch bestreuen.

3 Riesengarnelen längs halbieren, dabei den dunklen Darm entfernen. Speisestärke und Eiweiß gut verrühren, salzen und die Garnelen darin wenden. Anschließend die Kokosflocken auf einen Teller geben und Garnelen wälzen.

4 Garnelen im 170 Grad heißen Pflanzenfett ca. 4 Minuten frittieren. Danach herausheben und auf Küchenpapier entfetten lassen und jeweils 4 Garnelenhälften auf den Gurkenscheiben anrichten. Sofort heiß servieren.

Lachs-Tempura-Rolle

Für 4 Personen:
½ **Salatgurke**
1 **Knoblauchzehe**
Salz
6 **rohe Black-Tiger-Garnelen (Größe 16/20), geschält**
Pfeffer
300 g **frischer Lachs (z. B. aus Norwegen)**
½ **Bd. Schnittlauch**
1 TL **Sojasoße**
½ **Chilischote**
2 **Noriblätter**
½ **Avocado**
100 g **Naturjoghurt**
1 EL **Crème fraîche**
1 EL **Essig**
1 EL **Olivenöl**
80 g **Tempuramehl**
Öl zum Frittieren

Zubereitungszeit:
35 Min.

Nährwerte pro Person:
426 kcal, 1782 kJ,
29 g EW, 27 g F, 18 g KH

1 Gurke und Knoblauch schälen. Gurke fein reiben und Knoblauch durch eine Presse drücken. In eine kleine Schale geben, salzen und ca. 20 Minuten ziehen lassen.

2 Garnelen salzen und pfeffern. In einer beschichteten Pfanne rundum kurz und kräftig braten, anschließend auskühlen lassen und dann fein schneiden.

3 Lachs bei Bedarf von Gräten befreien. Fisch abbrausen, trocken tupfen und fein hacken. Mit Garnelen vermengen. Schnittlauch abbrausen, trocken schütteln und in feine Röllchen schneiden. Mit Sojasoße zum Lachs geben.

4 Chilischote längs halbieren und entkernen. Dann fein hacken und ebenfalls zum Lachs geben. Das Ganze mit Salz und Pfeffer würzen. Noriblätter halbieren und hochkant auf die Arbeitsfläche legen. Die Lachsmasse auf den Blättern verteilen und dabei oben ca. 5 cm frei lassen.

5 Die Avocado schälen, den Kern entfernen und das Fruchtfleisch in Stifte schneiden. Avocado quer auf die Lachs-Garnelen-Mischung legen und dann die Noriblätter einrollen.

6 Gurke und Knoblauch ausdrücken. Mit Joghurt, Crème fraîche, Essig und Olivenöl vermengen. Mit Salz und Pfeffer abschmecken. Bis zum Servieren beiseitestellen.

7 Tempuramehl in einem tiefen Teller mit 80 ml Wasser verrühren. Lachsrollen durch den Teig ziehen. Reichlich Öl zum Frittieren in einem hohen Topf erhitzen. Die Tempurarollen hineingeben und kurz frittieren – innen müssen sie noch roh sein. Rollen vosichtig aus dem Fett heben und auf Küchenpapier entfetten lassen.

8 Die Lachs-Tempura-Rollen aufschneiden. Auf einer Servierplatte anrichten und mit dem Gurkenjoghurt servieren.

Lachstatar mit mariniertem Sellerie

Für 4 Personen:
**320 g frisches Lachsfilet
(z. B. aus Norwegen)
6 Stängel Koriander
½ Limette
2 EL Olivenöl
Worcestersoße
½ Apfel
Salz
Pfeffer
2 Stangen Sellerie
½ Orange
1 EL Trüffelöl (alternativ:
selbst gemachtes Knob-
lauchöl)
1 Spritzer Zitronensaft**

Zubereitungszeit:
25 Min.

Nährwerte pro Person:
**211 kcal, 883 kJ,
16 g EW, 14 g F, 6 g KH**

1 Lachsfilet in feine Würfel schneiden. Koriander abbrausen, trocken schütteln und Blättchen fein hacken. Limette auspressen. Lachs und Koriander mit Limettensaft, Olivenöl und 1 Spritzer Worcestersoße vermengen.

2 Apfel schälen und entkernen. Das Fruchtfleisch in feine Würfel schneiden und zum Lachs geben. Das Ganze mit Salz und Pfeffer abschmecken.

3 Sellerie putzen und waschen. Mit dem Sparschäler in feine Streifen schälen. Orange schälen und die Filets aus den Trennwänden lösen. Orange zum Sellerie geben. Das Ganze mit Trüffelöl und Zitrone würzen und mit Salz sowie Pfeffer abschmecken.

4 Tatar mithilfe eines Vorspeisenrings auf 4 Tellern anrichten. Den Sellerie daraufgeben und Lachstatar servieren.

TIPP
Trüffelöl, ein mit Trüffel oder Trüffelaroma aromatisiertes Speiseöl, erhalten Sie in Feinkostgeschäften.

Bruschetta mit Thunfisch-Avocado-Tatar

Für 4 Personen:
200 g sehr frischer Thunfisch
1 Frühlingszwiebel
½ Avocado
100 g Cocktailtomaten
½ Limette (unbehandelt)
1 TL Wasabipaste
4 EL Sojasoße (z. B. von Kikkoman)
1 Prise weißer Pfeffer
40 g Butter
8 Scheiben Baguette einige Korianderblättchen

Zubereitungszeit:
20 Min.

Nährwerte pro Person:
430 kcal, 1802 kJ,
19 g EW, 25 g F, 33 g KH

1 Thunfisch kalt abspülen, trocken tupfen und in sehr kleine Würfel schneiden. Frühlingszwiebel putzen, waschen und klein schneiden. Avocadofruchtfleisch aus der Schale lösen und in kleine Würfel schneiden.

2 Cocktailtomaten waschen und fein würfeln, dabei Stielansätze entfernen. Mit den Thunfisch-, Frühlingszwiebel- und Avocadowürfeln vermengen.

3 Limette heiß waschen und trocken reiben. Etwas Limettenschale abreiben und den Saft auspressen. 2 EL Limettensaft, Wasabipaste und Sojasoße verrühren, mit der Thunfischmischung vermengen und das Ganze mit Pfeffer würzen. Die Butter mit der Limettenschale vermengen.

4 Baguettescheiben im Backofen oder Toaster rösten, mit Limettenbutter bestreichen, mit Thunfisch-

Avocado-Tatar belegen und mit Koriander garniert servieren.

VARIANTE

Auch gut aufs Brot: Matjestatar mit Apfel-Schalotten-Topping. Dazu 300 g Matjesfilet fein würfeln und ca. 1 Stunde in 3 EL Teriyaki marinieren. 1 Stange Sellerie putzen, waschen und in dünne Scheiben schneiden. 1 rote Paprikaschote putzen, waschen und fein würfeln. Abgetropfte Matjes-, Sellerie- und Paprikawürfel vermengen und auf Baguettescheiben verteilen. 1 Apfel vierteln und entkernen, 1 Schalotte schälen und beides in feine Würfel schneiden. Mit 150 g Schmand und 1 EL süßem Senf verrühren, mit Salz und Pfeffer abschmecken und auf dem Tatar verteilen.

Thai-Fischbällchen mit Dip

Für 20 Stück:
Für die Fischbällchen:
500 g Fischfilet (z. B. Kabeljau)
1 EL rote Currypaste
1 Ei
4 frische Kaffirlimetten-blätter

2 Frühlingszwiebeln
4 Stängel Koriander
1 TL Zucker
Salz
Pflanzenöl

Für den Dip:
1 Knoblauchzehe
½ Chilischote
Grün von 1 Frühlings-zwiebel
100 ml Zitronensaft
80 ml Fischsoße

Zubereitungszeit:
40 Min.

Nährwerte pro Stück:
47 kcal, 197 kJ,
6 g EW, 2 g F, 2 g KH

Fischfilet waschen und trocken tupfen. Dann bei Bedarf von Gräten befreien, Filet in Stücke schneiden und im Mixer zerkleinern, bis es in etwa die Konsistenz von Hackfleisch besitzt. Currypaste untermischen und das Ei hinzufügen. Alles vermengen, bis sich eine homogene Masse bildet.

Kaffirlimettenblätter hacken, Frühlingszwiebeln waschen, putzen und fein hacken. Koriander abbrausen, trocken schütteln und ebenfalls fein hacken.

Die Fischmasse mit Frühlingszwiebeln, Kaffirlimettenblättern, Koriander, Zucker und etwas Salz gründlich vermischen. Aus der Masse ca. 20 Bällchen

mit 2 cm Durchmesser formen. Im Kühlschrank in 20 Minuten fest werden lassen.

In der Zwischenzeit für den Dip Knoblauch abziehen und fein hacken. Chilischote und Frühlingszwiebelgrün putzen und beides fein schneiden. Mit Zitronensaft und Fischsoße in einem Schälchen vermengen.

5–6 EL Öl in einer Pfanne erhitzen. Fischbällchen portionsweise hineingeben und von beiden Seiten darin goldbraun braten. Mit einer Schaumkelle herausheben und auf Küchenpapier entfetten lassen. Dann mit dem Dip anrichten und servieren.

Boquerones

Für 4 Personen:
5 EL Olivenöl
12 küchenfertige
Sardinen
3 EL Mehl
Salz

Pfeffer aus der
Mühle
Saft von 1 Zitrone
Zitronenspalten

Zubereitungszeit:
25 Min.

Nährwerte pro Person:
346 kcal, 1448 kJ,
36 g EW, 18 g F, 9 g KH

1 ½ EL Olivenöl in einer großen Pfanne erhitzen. Sardinen unter fließendem kaltem Wasser waschen und mit Küchenpapier gut trocken tupfen.

2 Mehl auf einen Teller geben. Sardinen darin wenden und in das heiße Öl gleiten lassen. Die Fische von beiden Seiten knusprig braten.

3 Salz, Pfeffer, Zitronensaft und restliches Olivenöl in einer kleinen Schüssel vermischen. Frittierte Sardinen auf einer Servierplatte anrichten, mit Zitronensaftmischung beträufeln und mit Zitronenspalten servieren.

VARIANTE

Für die Boquerones werden in Spanien gerne Sardellen verwendet. Dann sollten Sie mit 500 g für 4 Personen rechnen.

Räucherfischterrine

Für 4 Personen:
250 g Räucherlachs
250 g geräuchertes
Forellenfilet ohne Haut
und Gräten
250 g Crème fraîche
Salz
Pfeffer aus der Mühle

50 g Ketakaviar
1 Handvoll gemischte
Salatblätter
2 EL Weißweinessig
3 EL Olivenöl
Kaviar und Dill zum
Garnieren

Zubereitungszeit:
40 Min.
Kühlzeit:
12 Std.

Nährwerte pro Person:
510 kcal, 2142 kJ,
31 g EW, 42 g F, 2 g KH

1 Die beiden Räucherfischsorten nacheinander mit jeweils der Hälfte der Crème fraîche im Mixer pürieren. Mit Salz und Pfeffer abschmecken.

2 Eine kleine längliche Terrinenform mit Klarsichtfolie auslegen. Lachsfarce darin verteilen und glatt streichen. In der Mitte Ketakaviar in einem Streifen einfüllen und alles mit Forellenfarce bedecken.

3 Die Oberfläche glatt streichen und Klarsichtfolie darüber verschließen. Über Nacht in den Kühlschrank stellen.

4 Kurz vor dem Servieren die Salatblätter abbrausen und trocken schütteln. Dann mit einer Vinaigrette aus Weißweinessig, Salz, frisch gemahlenem Pfeffer und Olivenöl marinieren.

5 Räucherfischterrine aus der Form nehmen, auf eine Platte oder ein Brett stürzen und die Klarsichtfolie vorsichtig abziehen. Mit einem scharfen, heiß abgespülten Messer in Scheiben schneiden. Das Ganze auf 4 Tellern mit einem Salatbouquet anrichten. Mit etwas Kaviar sowie Dill garnieren und dann servieren.

Jakobsmuscheln mit Walnussdip

Für 4 Personen:
4 EL Walnussbutter
150 g fettarmer Joghurt
2 – 3 EL Limetten- oder
Zitronensaft
2 EL Sojasoße
1 TL Sesamöl

Cayennepfeffer
500 g ausgelöste Jakobs-
muscheln
8 Frühlingszwiebeln
1 Bd. frischer Koriander
Öl zum Braten

Zubereitungszeit:
30 Min.

Nährwerte pro Person:
428 kcal, 1839 kJ,
7 g EW, 24 g F, 54 g KH

1 Für den Dip Walnussbutter, Joghurt, Limetten- oder Zitronensaft, Sojasoße, Sesamöl und ein wenig Cayennepfeffer verrühren.

2 Muscheln säubern und trocken tupfen. Frühlingszwiebeln putzen, waschen und in feine Streifen schneiden. Koriander waschen, trocken schütteln und die Blättchen abzupfen. Frühlingszwiebelstreifen und Korianderblättchen auf Tellern auslegen.

3 Muscheln in einer Pfanne in heißem Öl 3 – 4 Minuten braten, bis sie leicht braun und gar sind. Die

Muscheln auf das Zwiebel-Koriander-Bett setzen und mit dem Walnussdip servieren.

> **TIPP**
>
> Walnussbutter selbst gemacht: 100 g fein gehackte Walnüsse mit 2 EL Walnussöl, 1 TL Zucker und 1 Prise Salz mit dem Pürierstab zu einer weichen Masse verarbeiten. In ein luftdicht verschließbares Gefäß füllen und im Kühlschrank aufbewahren. Ergibt ca. 8 EL.

Frühlingsrollen im Reisblatt mit Shrimps

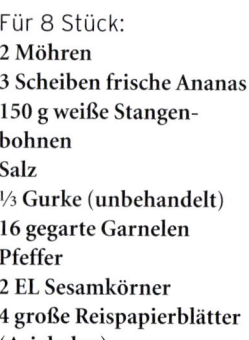

Für 8 Stück:
2 Möhren
3 Scheiben frische Ananas
150 g weiße Stangen-
bohnen
Salz
⅓ Gurke (unbehandelt)
16 gegarte Garnelen
Pfeffer
2 EL Sesamkörner
4 große Reispapierblätter
(Asialaden)

Zubereitungszeit:
35 Min.
Garzeit:
15 Min.

Nährwerte pro Stück:
78 kcal, 326 kJ,
5 g EW, 1 g F, 11 g KH

1 Möhren schälen und in dünne Streifen schneiden. Ananasscheiben würfeln und die Bohnen putzen.

2 Die Möhrenstreifen in wenig Salzwasser 3 Minuten blanchieren und anschließend sofort in Eiswasser abkühlen. Die Bohnen in wenig Salzwasser 8 Minuten blanchieren und danach eiskalt abschrecken.

3 Gurke waschen und in dünne Scheiben hobeln oder schneiden. Die Garnelen nach Wunsch etwas kleiner schneiden, dann mit Ananas, Gurke, Bohnen und Möhren in einer Schüssel vermengen. Dann das Ganze mit Salz sowie Pfeffer würzen und Sesamkörner darüberstreuen.

4 Reispapierblätter kurz in kaltes Wasser tauchen. Ein wenig abtropfen lassen und voneinander ge-

trennt auf einem Küchenhandtuch für 2–3 Minuten weichen lassen.

5 Füllung in die Mitte der Reisblätter geben und verteilen. Dann die Blätter vorsichtig zusammenfalten. In den Dämpfeinsatz eines Topfes geben und darin 10–12 Minuten dämpfen. Anschließend die Frühlingsrollen halbieren und anrichten.

TIPP

Reispapierblätter werden besonders in der vietnamesischen Küche geschätzt. Die papierdünnen Blätter werden aus Reismehl, Wasser und Salz hergestellt.

Meeresfrüchtesalat

Für 4 Personen:
300 g Baby-Oktopus
1 große weiße Zwiebel
2 Gewürznelken
2 Lorbeerblätter
150 g Krabbenfleisch oder
Surimi
150 g Thunfisch in Öl
(Dose)
6 kleine Tomaten
80 g Mimolette (franzö-
sischer Hartkäse)
100 g Gemüsemais (Dose)
4 Stängel glatte Petersilie
4 EL Mayonnaise
Salz
Pfeffer aus der Mühle
4 Salatblätter
4 große Garnelen,
gegart

Zubereitungszeit:
55 Min.
Marinierzeit:
30 Min.

Nährwerte pro Person:
438 kcal, 1833 kJ,
37 g EW, 29 g F, 8 g KH

1 Oktopus mit kaltem Wasser waschen. Köpfe abschneiden, die Tuben ausnehmen und ausspülen. Tentakel über den Augen abschneiden und die Kauwerkzeuge herausdrücken. Den Rest der Köpfe und die Eingeweide wegwerfen.

2 Die Zwiebel schälen. Mit Nelken und Lorbeerblättern spicken; dazu die Nelken durch die Lorbeerblätter an die Zwiebel stecken. 3 l Wasser in einen Topf geben und mit der Zwiebel aufkochen.

3 Oktopus in das kochende Wasser geben. Den Deckel auflegen und den Topf vom Herd ziehen. 5 Minuten ziehen lassen, dann Oktopus mit einer Schaumkelle herausheben und zum Abkühlen kurz in eiskaltes Wasser geben. Anschließend abtropfen lassen.

4 Gegarte Tintenfischtuben in Ringe zerschneiden. Krabbenfleisch oder Surimi klein schneiden. Thunfisch abtropfen lassen, mit einer Gabel zerpflücken und mit den Tintenfischringen und dem Krabbenfleisch mischen.

5 Tomaten waschen und in Scheiben schneiden. Den Käse würfeln. Mais abgießen und in einem Küchensieb abtropfen lassen. Petersilie abbrausen, trocken schütteln und hacken.

6 Tomaten, Käse und Mais mit Meeresfrüchten vermischen. Mayonnaise unterheben und alles mit Salz und Pfeffer würzen. Petersilie unterrühren. 30 Minuten marinieren lassen.

7 Salatblätter abbrausen und trocken tupfen. In 4 Salatschüsselchen oder 4 hohe dekorative Becher geben. Den Meeresfrüchtesalat darauf anrichten und mit je 1 gekochten Garnele garnieren. Dann servieren.

Riesengarnelen auf Spargelsalat

Für 4 Personen:
16 Riesengarnelen
2 Stiele Zitronengras
12 Stangen weißer
Spargel
12 Stangen grüner
Spargel
1 Prise Zucker
1 EL Butter
Salz
Pflanzenöl zum Braten
1 EL weißer Sesam
1 EL Sesamöl
1 EL Erdnussöl
1 EL Reiswein
Saft von ½ Limette
grobes Meersalz
Pfeffer aus der Mühle
½ Bd. Koriander
1 frische rote
Chilischote

Zubereitungszeit:
50 Min.

Nährwerte pro Person:
617 kcal, 2582 kJ,
58 g EW, 37 g F, 13 g KH

1 Die Riesengarnelen vorsichtig aus dem Panzer lösen, dabei die Schwanzenden nicht entfernen. Zitronengrasstiele kalt waschen, trocken tupfen und der Länge nach halbieren. Garnelen in der Mitte der Körper vorstechen und dann auf die halbierten Zitronengrashälften spießen.

2 Weißen und grünen Spargel waschen. Weiße Spargelstangen bis knapp unter den Spargelkopf schälen und die holzigen Enden abschneiden. Weißen Spargel in einen breiten Topf legen, mit Wasser bedecken, Zucker und Butter zugeben. Das Ganze aufkochen und bei mittlerer Hitze in ca. 15 Minuten bissfest garen.

3 Das untere Viertel des grünen Spargels abschneiden, falls nötig, das untere Drittel schälen. In einen Topf legen, mit Wasser bedecken, salzen und aufkochen. Bei mittlerer Hitze in ca. 8 Minuten bissfest garen. Nach Garzeitende weißen und grünen Spargel der Länge nach halbieren.

4 In einer großen Pfanne Pflanzenöl erhitzen und die Garnelen-Zitronengras-Spieße von jeder Seite ca. 2 Minuten saftig braten. Herausnehmen und auf Küchenpapier abtropfen lassen.

5 Für das Dressing Sesam in einer Pfanne ohne Fett kurz anrösten, dabei häufig schwenken. Sesamöl, Erdnussöl und Reiswein in einer Schale miteinander verrühren. Limettensaft und den gerösteten Sesam unterrühren. Mit Meersalz und frisch gemahlenem Pfeffer abschmecken.

6 Koriander waschen, trocken schütteln, Blätter abzupfen und hacken. Chilischote waschen, halbieren, entkernen und Chili in Würfel schneiden.

7 Spargelhälften lauwarm auf Tellern anrichten und mit der Sesamvinaigrette beträufeln. Je 1 Garnelenspieß auf den Spargelsalat legen. Mit Chili sowie Koriander garnieren und dann rasch noch heiß servieren.

Tintenfischsalat

Für 4 Personen:
750 g küchenfertiger
Tintenfisch (Oktopus)
Salz
1 Gemüsezwiebel
2 Lorbeerblätter
2 Gewürznelken
4 Tomaten
200 g Knollensellerie
2 EL Zitronensaft
2 grüne Äpfel
3 EL weißer Balsamico-
Essig
5 EL Olivenöl
Pfeffer aus der Mühle
3 Stängel Basilikum

Zubereitungszeit:
40 Min.

Nährwerte pro Person:
321 kcal, 1343 kJ,
31 g EW, 15 g F, 15 g KH

1 Tintenfisch gründlich waschen und bei Bedarf den Kopf bzw. die Köpfe über den Fangarmen abschneiden. Reichlich gesalzenes Wasser in einem großen Topf zum Kochen bringen.

2 Zwiebel schälen und mit Lorbeer und Nelken spicken; dazu die Nelken durch die Lorbeerblätter an die Zwiebel stecken. Gespickte Zwiebel ins Kochwasser geben.

3 Temperatur herunterschalten, sodass das Wasser gerade nicht mehr kocht. Tintenfisch hineingeben und 15 Minuten ziehen lassen. Anschließend mit einer Schaumkelle aus dem Wasser heben und sofort in Eiswasser abkühlen.

4 In der Zwischenzeit die Tomaten waschen und in Würfel schneiden. Sellerie waschen, schälen und ebenfalls würfeln. Dann in etwas Salzwasser mit Zitronensaft in 5 Minuten gar kochen. Die Äpfel schälen, von den Kernhäusern befreien und das Fruchtfleisch in Würfel schneiden. 1 Minute mit dem Sellerie mitkochen, anschließend beides abgießen und in Eiswasser abkühlen lassen. In einem Küchensieb gut abtropfen lassen.

5 Den abgekühlten Tintenfisch dann in mundgerechte Stücke schneiden. Mit Tomaten, Sellerie und Äpfeln vermengen, mit Balsamico-Essig und Olivenöl marinieren. Mit Salz und frisch gemahlenem Pfeffer abschmecken.

6 Basilikum waschen, trocken tupfen und Blättchen von den Stängeln zupfen, diese dann in Streifen schneiden. Kurz vor dem Servieren unter den Salat mischen.

Nizzasalat

Für 4 Personen:	1 grüne Paprikaschote	2 Knoblauchzehen	Zubereitungszeit:
4 Eier	**2 – 3 Frühlingszwiebeln**	**6 EL kalt gepresstes**	**30 Min.**
120 g grüne Bohnen	**200 g Thunfisch in Öl**	**Olivenöl**	
100 g gemischter Blatt-	**(Dose)**	**3 EL Weißweinessig**	Nährwerte pro Person:
salat	**50 g Sardellen (Anchovis)**	**Salz, Pfeffer aus der Mühle**	**486 kcal, 2033 kJ,**
½ Salatgurke	**50 g kleine schwarze**	**Basilikumblättchen zum**	**21 g EW, 42 g F, 5 g KH**
8 Cocktailtomaten	**Oliven**	**Garnieren**	

1 Die Eier an der stumpfen Seite anstechen und in einem Topf mit Wasser bedecken. Erhitzen und in ca. 8 Minuten hart kochen, dann abschrecken und auskühlen lassen.

2 Einen weiteren Topf mit Wasser zum Kochen bringen. Die grünen Bohnen putzen, waschen, halbieren und in ca. 3 Minuten bissfest kochen. Bohnen abgießen und eiskalt abschrecken, dann abtropfen lassen.

3 Blattsalat putzen, waschen, trocken schleudern und in mundgerechte Stücke teilen. Gurke schälen und in dünne Scheiben schneiden oder hobeln. Tomaten waschen, halbieren und den Strunk entfernen.

4 Paprikaschote halbieren, putzen, waschen und in feine Streifen schneiden. Frühlingszwiebeln putzen und in feine Ringe schneiden. Paprika mit Frühlingszwiebeln, Bohnen, Salatblättern, Gurke und Tomaten in eine flache Schüssel geben und das Ganze vermengen.

5 Den Thunfisch abtropfen lassen und dann mit einer Gabel auseinanderzupfen. Sardellen klein schneiden und die geschälten Eier in Scheiben schneiden. Thunfisch mit Sardellen, Eierscheiben und Oliven auf den vorbereiteten Salat legen.

6 Für das Dressing Knoblauchzehen abziehen und fein hacken. Mit Olivenöl, Weißweinessig, Salz und frisch gemahlenem Pfeffer verrühren. Das Dressing über den Salat gießen, alles kurz miteinander vermengen und mit Basilikumblättchen garnieren. Dann servieren.

Fruchtiger Thunfischcocktail

Für 4 Personen:	1 Zitrone	Zubereitungszeit:
1 reife Mango	**½ Limette**	**20 Min.**
500 g Wassermelonen-	**einige Korianderblätt-**	
fruchtfleisch	**chen**	Nährwerte pro Person:
400 g sehr frischer Thun-	**50 g Sahne**	**442 kcal, 1849 kJ,**
fisch (Sushiqualität)	**100 g Crème fraîche**	**24 g EW, 27 g F, 24 g KH**

1 Mango schälen und das Fruchtfleisch in dickeren Scheiben vom Kern schneiden. Mango- und Wassermelonenfruchtfleisch in 1 – 1,5 cm große Würfel schneiden, dabei die Wassermelonenstücke entkernen.

2 Thunfisch ebenfalls in Würfel schneiden. Zitrone halbieren und auspressen, Limette ebenfalls auspressen. Korianderblättchen abbrausen und trocken tupfen. Sahne aufschlagen.

3 Thunfisch mit Obst und Zitronen- sowie Limettensaft vermengen. In Schälchen füllen und mit Korianderblättchen garnieren. Zum Servieren die Sahne unter die Crème fraîche heben und an einer Seite auf den Thunfischcocktail geben. Rasch servieren.

TIPP

Da in diesem Rezept roher Fisch verwendet wird, sollte der Thunfischcocktail rasch serviert werden. Sollte es doch etwas länger dauern, decken Sie ihn mir Frischhaltefolie ab und stellen Sie ihn für bis zu 2 Stunden in den Kühlschrank.

Oktopus-Kartoffel-Salat

Für 4 Personen:
500 g küchenfertige Mini-Oktopusse
1 Zweig Rosmarin
2 Zweige Thymian
5 Knoblauchzehen
4 EL trockener Weißwein
1 EL Balsamico-Essig
14 EL Olivenöl
1 kg rote Kartoffeln
2 rote Zwiebeln
100 ml Gemüsebrühe
1 Bd. Petersilie
50 ml Weißweinessig
3 EL Zitronensaft
Salz, Pfeffer aus der Mühle

Zubereitungszeit:
40 Min.
Marinierzeit:
10 Std.

Nährwerte pro Person:
796 kcal, 3330 kJ,
27 g EW, 54 g F, 47 g KH

1 Oktopusse unter fließendem kaltem Wasser waschen, mit Küchenpapier trocken tupfen und in eine Schüssel geben. Bei Bedarf dann in mundgerechte Stücke schneiden.

2 Rosmarin und Thymian mit kaltem Wasser abbrausen, trocken schütteln und fein hacken, dabei grobe Stielenden entfernen. 3 Knoblauchzehen abziehen und fein hacken.

3 Oktopusse mit Kräutern, Knoblauch, dem Weißwein, Balsamico-Essig und 5 EL Olivenöl vermischen. Abgedeckt kühl stellen und ca. 10 Stunden marinieren.

4 Meeresfrüchte aus der Marinade nehmen und abtropfen lasssen. 4 EL Olivenöl in einer Pfanne erhitzen und Oktopusse darin 5 Minuten braten. Herausnehmen, auf Küchenpapier abtropfen lassen und beiseitestellen.

5 Kartoffeln waschen und in einen Topf mit reichlich Wasser geben. Das Ganze aufkochen und in ca. 20 Minuten weich garen. Die Kartoffeln abgießen, etwas ausdampfen lassen und schälen.

6 Zwiebeln und 2 Knoblauchzehen schälen. Beides in feine Würfel schneiden. Gemüsebrühe aufkochen, Zwiebel- und Knoblauchwürfel darin blanchieren. Dann das Ganze zur Seite stellen.

7 Petersilie waschen, trocken schütteln. Die Blättchen abzupfen und grob hacken.

8 Weißweinessig in die abgekühlte Brühe geben. Kartoffeln in Würfel schneiden, mit der Essigmischung übergießen, vorsichtig durchrühren und ca. 10 Minuten ziehen lassen.

9 5 EL Olivenöl zu den Kartoffeln geben und untermengen. Den Salat mit Zitronensaft, Salz und Pfeffer abschmecken.

10 Den Kartoffelsalat auf Schälchen verteilen. Den Oktopus darauf verteilen und mit reichlich Petersilie bestreut servieren.

Matjes-Gemüse-Salat

Für 4 Personen:
600 g frische Matjesfilets
250 g grüne Bohnen
Salz
250 g Stangensellerie
rote Pfefferkörner
½ Bd. Dill
4 EL Balsamico-Essig
5 EL Olivenöl

Zubereitungszeit:
40 Min.
Marinierzeit:
30 Min.

Nährwerte pro Person:
579 kcal, 2423 kJ,
30 g EW, 49 g F, 5 g KH

1 Matjesfilets kalt abspülen und trocken tupfen. Bohnen waschen, Enden abschneiden und die Bohnen in reichlich kochendem Salzwasser einige Minuten blanchieren. Anschließend in ein Sieb abgießen und kalt abschrecken.

2 Sellerie putzen, waschen und quer in ca. 1 cm dicke Stücke schneiden. In kochendem Salzwasser einige Minuten blanchieren, in ein Sieb abgießen und kalt abschrecken.

3 Die Matjesfilets in mundgerechte Stücke schneiden und mit dem Gemüse in einer Schüssel vermengen. Die Pfefferkörner im Mörser oder mit einem breiten Messerrücken grob zerstoßen. Dill kalt waschen, trocken schütteln und grob hacken, dabei grobe Stielenden entfernen.

4 Aus Essig, Öl, rotem Pfeffer und Salz ein Dressing anrühren. Gehackten Dill unterrühren und über die vorbereiteten Salatzutaten geben. Vorsichtig vermengen und zugedeckt ca. 30 Minuten ziehen lassen.

VARIANTE
Der Matjes kann auch durch anderen Räucherfisch (Forelle oder Saibling) in Stücken ersetzt werden. Dieser schmeckt besonders aromatisch, wenn man ihn vor Verwendung ganz leicht erwärmt.

SUPPEN &
EINTÖPFE

Edelfischsuppe *(Abb. S. 31)*

Für 4 Personen:
400 g Fischfilet (z. B.
Zander oder Rotbarsch)
2 EL Zitronensaft
1 kleine Zwiebel
2 kleine Kartoffeln
2 Möhren
2 EL Öl (z. B. von Biskin)
400 ml Gemüsebrühe
100 g Sahne
200 ml Milch
Salz, Pfeffer
frischer Dill zum
Garnieren

Zubereitungszeit:
35 Min.

Nährwerte pro Person:
279 kcal, 1167 kJ,
26 g EW, 15 g F, 10 g KH

1 Fischfilet kalt waschen und trocken tupfen. Dann mit etwas Zitronensaft beträufeln.

2 Zwiebel, Kartoffeln und Möhren schälen. Zwiebel und Kartoffeln in dünne Scheiben schneiden, Möhren der Länge nach vierteln.

3 Öl erhitzen und Gemüse darin ca. 5 Minuten anbraten. Brühe angießen, aufkochen und das Ganze weitere 5 Minuten köcheln lassen.

4 Fischfilet bei geringer Hitze auf das Gemüse legen und 10 Minuten garen. Anschließend ein Viertel der Filetstücke herausnehmen und warm stellen.

5 Sahne steif schlagen. Möhren aus dem Topf nehmen, pürieren und mit 1 EL Sahne vermischen.

6 Gemüse-Fisch-Topf unter Zugabe von Milch mit einem Pürierstab zerkleinern und nochmals aufkochen. Mit Salz sowie Pfeffer würzen und restliche Sahne unterrühren.

7 Beiseitegestellten Fisch in Stücke teilen, in die Suppe legen und kurz ziehen lassen. Suppe in Tassen anrichten und mit Möhrenschaum sowie Dill garniert servieren.

> **TIPP**
> Garnieren Sie die Suppe zusätzlich mit geviertelten und in etwas Olivenöl angerösteten Toastbrotscheiben.

Hummercremesuppe

Für 4 Personen:
1 gegarter Hummer (ca.
500 g)
Salz
Paprikapulver edelsüß
50 g Butter
2 EL Mehl
750 ml Hummerfond
(Glas)
2 TL Tomatenmark
4 EL Hummerbutter
(Fertigprodukt)
1 Prise Cayennepfeffer
2 EL Weinbrand
200 g Sahne

Zubereitungszeit:
35 Min.

Nährwerte pro Person:
510 kcal, 2134 kJ,
25 g EW, 40 g F, 11 g KH

1 Scheren des Hummers mit einer Drehbewegung lösen und mit dem Rücken eines großen Messers aufbrechen. Den Körper mit einem festen Messer längs halbieren. Grünliche Leber und Innereien sowie Darm entfernen. Fleisch aus Karkasse, Schwanz und Scheren auslösen. Etwas salzen und mit Paprika bestäuben.

2 40 g Butter in einem Topf zerlassen. Mehl durch ein Sieb einstäuben, unterrühren und kurz anschwitzen, bis eine glatte, etwas zähe Masse entsteht. Hummerfond nach und nach eingießen. Tomatenmark unterrühren. Aufkochen lassen und dann gleich von der Herdplatte nehmen. Die Hummerbutter mit einem Schneebesen unterrühren.

3 Suppe erhitzen, ohne sie aufkochen zu lassen. Mit Salz, Cayennepfeffer und Weinbrand abschmecken. Fleisch aus Scheren und Karkasse zugeben und ca. 4 Minuten ziehen lassen. Sahne zufügen und alles mit einem Pürierstab aufschlagen. Das Fleisch des Hummerschwanzes in Scheiben schneiden. In einer Pfanne übrige Butter erhitzen und Hummerfleisch leicht anbraten. Die Suppe mit dem angebratenen Hummerfleisch garniert servieren.

> **TIPP**
> Hummerfond selbstgemacht: Dafür 250 g gewaschene und zerkleinerte Hummerschalen in einem Topf in 2 EL Olivenöl andünsten. Mit 2 EL Cognac ablöschen. ½ unbehandelte Zitrone waschen und zerkleinern. Kurz zu den Schalen geben. ½ l Weißwein und 1 l Wasser angießen. Je 1 gehackte Zwiebel, Möhre und Knoblauchzehe, 1 Lorbeerblatt und 1 TL Tomatenmark unterrühren. 1 Stunde kochen lassen und durch ein Sieb abgießen. Auskühlen lassen und in gut verschließbaren Gefäßen gekühlt lagern.

Feine Fischsuppe

Für 4 Personen:
2 Stangen Sellerie
1 Möhre
5 Frühlingszwiebeln
1 TL Sesamkörner,
geröstet
1 Ei
Salz
schwarzer Pfeffer aus
der Mühle
2 EL Olivenöl
60 g frischer Spinat
300 g Heilbutt, gehäutet
1 l Gemüsebrühe, heiß
5 TL helle Sojasoße

Zubereitungszeit:
40 Min.

Nährwerte pro Person:
187 kcal, 782 kJ,
20 g EW, 9 g F, 5 g KH

1 Sellerie putzen, waschen und klein schneiden. Möhre schälen und in feine Streifen schneiden. Frühlingszwiebeln putzen, waschen und in diagonale Stücke schneiden. Die Sesamkörner in einer kleinen Pfanne ohne Fettzugabe rösten. Dabei häufig durchschwenken, damit die Körner nicht schwarz werden.

2 Ei mit Sesam, Salz und frisch gemahlenem Pfeffer verschlagen. Die Hälfte des Olivenöls in einer Pfanne erhitzen. Eimischung bei starker Hitze darin ca. 30 Sekunden braten.

3 Pfanne vom Herd nehmen und einige Minuten ruhen lassen, bis sich das Omelett aufrollen lässt. Diese Rolle in dünne Streifen schneiden und warm stellen.

4 Spinat gründlich unter fließendem Wasser waschen, dabei lange Stiele entfernen. Gut abtropfen lassen und fein schneiden. Den Heilbutt waschen, trocken tupfen und in kleine Stücke schneiden.

5 In einem Wok oder Suppentopf Sellerie, Möhre und Frühlingszwiebeln mit dem übrigen Olivenöl vermengen. Bei starker Hitze ca. 3 Minuten garen.

6 Heiße Gemüsebrühe mit Sojasoße, Heilbutt und Spinat zur Gemüsemischung geben. Deckel auflegen und bei starker Hitze ca. 5 Minuten garen.

7 Die Suppe umrühren und abschmecken. In vorgewärmte große Suppentassen geben. Omelettstreifen darüberstreuen und Fischsuppe heiß servieren.

Makrelensuppe

Für 4 Personen:
2 norwegische Makrelen-
filets
2 Frühlingszwiebeln
1 Ei
1 EL Sake
1 EL Getreidestärke
2 TL Ingwersaft
Salz
½ Klettenwurzel
½ japanischer Rettich
½ Möhre
600 ml Fischbrühe (Glas)
Sojasoße
japanischer Pfeffer

Zubereitungszeit:
40 Min.

Nährwerte pro Person:
384 kcal, 1607 kJ,
20 g EW, 29 g F, 35 g KH

1 Die Makrelenfilets bei Bedarf kalt waschen und trocken tupfen. Dann klein schneiden.

2 Frühlingszwiebeln putzen und waschen. 1 Frühlingszwiebel diagonal in Röllchen schneiden, die andere fein hacken.

3 Ei verquirlen, danach kräftig mit Sake und Getreidestärke verrühren. Zusammen mit Ingwersaft und fein gehackter Frühlingszwiebel in einen Topf geben. Nach Geschmack salzen.

4 Fischfleisch in den Topf geben. Das Ganze langsam erhitzen und bei milder Hitze unter häufigem Rühren ca. 10 Minuten kochen.

5 Klettenwurzel schälen. Rettich und Möhre putzen, beides schälen. Klettenwurzel, Rettich und Möhre in Stifte schneiden.

6 Makrelen durch ein Sieb abgießen, dabei Sud auffangen. Fischfleisch zerpflücken. Daraus mit etwas Sud sowie dem vorbereiteten Gemüse Klößchen formen.

7 Fischbrühe in einem großen Topf zum Kochen bringen. Fischklößchen dazugeben, mit Salz, Sojasoße und nach Wunsch mit japanischem Pfeffer würzen.

8 Die Makrelensuppe auf 4 Suppenschalen verteilen. Mit den übrigen Frühlingszwiebelröllchen garnieren. Die Suppe sofort heiß servieren.

TIPP

Klettenwurzel ist ein besonders in der japanischen Küche beliebtes Wurzelgemüse. Man bekommt sie einzeln in Folie verpackt im Asialaden. Sollten Sie keine Klettenwurzel bekommen, kann ersatzweise auch ein Stück Schwarzwurzel verwendet werden.

Bouillabaisse

Für 4 Personen:

500 g Fischabschnitte (z.B. Gräten, Flossen, Schwänze, Köpfe ohne Kiemen)	200 ml Weißwein
	Salz
	Pfeffer aus der Mühle
	1 Stück Orangenschale (unbehandelt)
400 g gemischte Fisch- filets (z.B. Rotbarben, Kabeljau, Seeteufel)	1 Frühlingszwiebel
	2 Stängel Petersilie
4 EL Zitronensaft	2 Stängel Basilikum
400 g Miesmuscheln	
250 g Riesengarnelen	Zubereitungszeit:
2 gegarte Hummer- scheren (nach Wahl)	1 Std.
	Garzeit:
2 Tomaten	45 Min.
1 Zwiebel	
1 Knoblauchzehe	Nährwerte pro Person:
1 Prise Safranfäden	370 kcal, 1548 kJ,
1 Lorbeerblatt	50 g EW, 8 g F, 14 g KH

1 Fischabschnitte und -filets kalt waschen und trocken tupfen. Filets mundgerecht zerschneiden und mit Zitronensaft beträufeln. Muscheln waschen, gut abbürsten und bereits geöffnete Muscheln wegwerfen. Garnelen längs aufschneiden und Darm entfernen; Kopf und Schale ablösen. Alles waschen. Hummerscheren aufbrechen und mit einer Hummergabel auslösen.

2 Fischabschnitte sowie Garnelenköpfe und -schalen mit 1 l Wasser ca. 30 Minuten köcheln lassen. Entstandene Fischbrühe durch ein Sieb in einen weiteren Topf gießen. Die Tomaten überbrühen und abschrecken. Häuten, vierteln, von den Stielansätzen befreien und entkernen; das Fruchtfleisch würfeln. Zwiebel und Knoblauch schälen und würfeln. Safran in 3 EL Wasser einweichen.

3 Zwiebel, Knoblauch und Lorbeerblatt mit Weißwein und 200 ml Fischfond aufkochen. Muscheln einlegen und zugedeckt ca. 8 Minuten garen. Wenn sich die Muscheln geöffnet haben, herausnehmen und Brühe durchsieben; geschlossene Muscheln entfernen. Mit restlichem Fischfond auffüllen und kurz aufkochen. Vom Herd nehmen, Safran zugeben, salzen und pfeffern.

4 Orangenschale, Fischfilets, Garnelen und Hummerscheren in die Brühe geben und bei sehr leichter Hitze ziehen lassen, bis die Filets gar sind. Das Ganze nicht mehr kochen lassen.

5 Frühlingszwiebel putzen, waschen und in feine Ringe schneiden. Petersilie und Basilikum von den Stängeln zupfen, waschen, trocken tupfen und in feine Streifen schneiden.

6 Frühlingszwiebel mit Muscheln zur Suppe geben und auf Teller verteilen, Orangenschale entfernen. Mit Petersilie und Basilikum bestreut servieren.

Erbsen-Garnelen-Suppe

Für 4 Personen:
2 Schalotten
1 Knoblauchzehe
1 Zweig Thymian
175 g gekühlte Margarine
800 g Erbsen
Fleur de sel
1 EL Zucker
500 ml Fischfond (Glas)
schwarzer Pfeffer
Salz
12 gegarte, ausgelöste Garnelen
4 EL Cremefine zum Schlagen
Saft von 1 Zitrone
Minzeblätter zum Garnieren

Zubereitungszeit:
30 Min.

Nährwerte pro Person:
483 kcal, 1997 kJ,
23 g EW, 30 g F, 29 g KH

1 Schalotten sowie Knoblauch schälen und dann fein würfeln. Zusammen mit Thymian in einem Topf in 50 g Margarine glasig anschwitzen.

2 4 EL Erbsen abnehmen und als Einlage beiseitestellen. Restliche Erbsen zur Schalottenmischung geben und mit etwas Fleur de sel und Zucker würzen.

3 Das Ganze mit Fischfond ablöschen und ca. 10 Minuten garen, bis die Erbsen weich sind. Erbsen mit dem Fond pürieren und durch ein Sieb passieren. Die Masse mit 100 g kalter Margarine aufmixen und mit Fleur de sel und Pfeffer abschmecken.

4 Restliche Erbsen in Salzwasser ca. 5 Minuten blanchieren, danach in Eiswasser abschrecken. Garnelen leicht salzen und in restlicher Margarine anbraten, dabei mehrfach wenden.

5 Suppe zusammen mit Cremefine kräftig aufschäumen und danach mit ein wenig Zitronensaft abschmecken. Erbsen und Garnelen auf 4 tiefe Teller oder Schüsseln verteilen. Die Suppe darübergeben.

6 Die Erbsen-Garnelen-Suppe vor dem Servieren mit frischen Minzeblättchen garnieren. Danach rasch heiß servieren.

Krabbensuppe aus dem Norden

Für 4 Personen:
250 g mehligkochende Kartoffeln
1 l Gemüsebrühe
1 Stange Sellerie
Salz
5 EL heller Soßenbinder
(z. B. von Mondamin)

Pfeffer
200 g Krabbenfleisch
½ TL rosa Pfefferbeeren
100 g Crème fraîche
einige Dillfähnchen zum Garnieren

Zubereitungszeit:
30 Min.

Nährwerte pro Person:
224 kcal, 937 kJ,
13 g EW, 9 g F, 22 g KH

1 Kartoffeln schälen, waschen und halbieren. Kartoffeln mit der Gemüsebrühe in einen Topf geben, erhitzen und in ca. 20 Minuten weich kochen.

2 In der Zwischenzeit Sellerie kalt waschen, putzen und fein schneiden. Sellerie in Salzwasser ca. 3 Minuten garen und anschließend abgießen.

3 Nach Garzeitende die Kartoffeln in der Brühe pürieren. Soßenbinder einstreuen und unter Rühren 1 Minute kochen lassen. Die Suppe mit Salz und Pfeffer abschmecken.

4 Sellerie mit den Krabben in die Suppe geben. Das Ganze kurz erhitzen und nochmals abschmecken.

5 Pfefferbeeren hacken und unter die Crème fraîche rühren. Die Suppe in 4 Suppenschalen geben. Mit je 1 Klecks Crème fraîche und Dill garniert servieren.

BEILAGE

Zur Krabbensuppe können Sie frisches Vollkornbrot oder getoastetes Weißbrot reichen.

Exotische Papaya-Möhren-Suppe mit Flusskrebsen

Für 4 Personen:
200 g Möhren
1 Zwiebel
1 walnussgroßes Stück
Ingwer
1 TL Öl
500 ml Gemüsebrühe
200 g Papayafruchtfleisch
½ Bd. Koriander
1 Limette (unbehandelt)
1 ½ gestr. EL heller So-
ßenbinder (z. B. von
Mondamin)
Salz
Pfeffer
einige Spritzer Tabasco
1 Prise Zucker
200 g vorgegartes Fluss-
krebsfleisch (alternativ:
Tiefseekrabbenfleisch)

Zubereitungszeit:
30 Min.

Nährwerte pro Person:
101 kcal, 423 kJ,
11 g EW, 4 g F, 6 g KH

1 Möhren schälen und klein würfeln. Zwiebel abziehen und fein würfeln. Ingwer schälen und fein hacken. Öl in einem Topf erhitzen. Zwiebel und Ingwer darin andünsten. Möhren sowie Gemüsebrühe zugeben und in 15–20 Minuten weich kochen.

2 In der Zwischenzeit Papaya schälen, Kerne entfernen und Fruchtfleisch in kleine Würfel schneiden. Koriander abbrausen, trocken schütteln und etwas zum Garnieren beiseitelegen, den Rest fein hacken.

3 Die Limette heiß abspülen, trocken reiben und die Schale abreiben. Frucht halbieren und Saft auspressen. Papaya und gehackten Koriander zu den Möhren geben und noch einmal aufkochen. Das Ganze mit dem Stabmixer pürieren. Limettenschale und -saft zugeben.

4 Soßenbinder einrühren und die Suppe 1 Minute köcheln lassen. Anschließend durch ein feines Sieb gießen. Mit Salz, Pfeffer, etwas Tabasco und Zucker abschmecken.

5 Suppe heiß in den Standmixer geben. Auf höchster Stufe kräftig aufmixen. Flusskrebse auf 4 kleine Suppentassen oder -schalen verteilen und die heiße Papaya-Möhren-Suppe einfüllen. Mit beiseitegelegtem Koriander garnieren und sofort servieren.

TIPP

Papaya ist eine tropische Frucht mit lachsrosa bis orangefarbenem Fruchtfleisch. Das Fruchtfleisch erinnert geschmacklich an Aprikose.

Clam Chowder

Für 4 Personen:
500 g Venusmuscheln
500 g Kartoffeln
Salz
1 Zwiebel
50 g Frühstücksspeck
2 EL Butter
1 EL Mehl
350 ml Milch
2 Stängel Petersilie
150 g Sahne
Pfeffer aus der Mühle

Zubereitungszeit:
50 Min.

Nährwerte pro Person:
454 kcal, 1900 kJ,
24 g EW, 23 g F, 37 g KH

1 Die Venusmuscheln unter fließendem kaltem Wasser waschen und mit einer Bürste reinigen; bereits geöffnete Muscheln wegwerfen. Ca. 200 ml Wasser erhitzen und Muscheln darin zugedeckt bei starker Hitze ca. 5 Minuten kochen, bis sich die Muscheln geöffnet haben. Topf dabei mehrmals rütteln.

2 Muscheln abgießen, dabei den Sud durch ein feines Sieb gießen und beiseitestellen. Nicht geöffnete Exemplare wegwerfen. Bis auf 8 Stück das Muschelfleisch aus den Schalen lösen.

3 Kartoffeln schälen, waschen und klein würfeln. In einen Topf mit gesalzenem Wasser geben, erhitzen und in ca. 15 Minuten gar kochen. Danach abgießen. Zwiebel schälen und in feine Würfel schneiden. Den Frühstücksspeck in feine Streifen schneiden.

4 Butter in einer kleinen Pfanne erhitzen. Zwiebelwürfel und Speck darin anbraten, Mehl durch ein Sieb darüberstäuben und unter häufigem Rühren bei mittlerer Hitze hell anschwitzen. Milch und 200 ml Wasser getrennt erhitzen. Danach beides mit dem Muschelsud vermengen und die Zwiebelmischung einrühren. Aufkochen und 5 Minuten kochen lassen.

5 Hälfte der gekochten Kartoffeln mit einer Gabel zerdrücken und mit den übrigen Kartoffelwürfeln in die Suppe einrühren. Gekochte Venusmuscheln ohne Schale zugeben und kurz erhitzen.

6 Petersilie waschen, trocken schütteln, Blättchen abzupfen und hacken. Sahne und Petersilie unterrühren. Abschließend mit Salz und Pfeffer abschmecken. Clam Chowder in Schälchen geben, je 2 Muscheln mit Schale dazugeben und heiß servieren.

Cremige Krebssuppe

Für 4 Personen:
**1 gegarter Taschenkrebs
(ca. 400 g)
200 g Lauch, Sellerie,
Möhren (gemischt)
1 Schalotte
1 EL Butter
400 ml Fischfond (Glas)
300 g Sahne
Salz
Pfeffer aus der Mühle
1 EL Zitronensaft
abgeriebene Schale von
1 Zitrone (unbehandelt)
¼ Bd. Rucola
1 TL Kräuterbutter**

Zubereitungszeit:
40 Min.

Nährwerte pro Person:
**374 kcal, 1177 kJ,
24 g EW, 27 g F, 9 g KH**

1 Scheren und Beine des Krebses mit einer Drehbewegung vom Panzer lösen. Beides mit einem Nussknacker aufbrechen und das Fleisch mit einer Hummergabel auslösen. Dünne Knorpelblätter in den Scheren entfernen.

2 Krebspanzer an der Unterseite an mehreren Stellen einstechen und mit einer Küchenschere aufschneiden. Fleisch auslösen und den Darmteil entfernen. Krebsfleisch in mundgerechte Stücke schneiden.

3 Lauch, Sellerie und Möhre waschen. Lauch putzen, Sellerie und Möhre schälen. Alles in sehr feine Streifen schneiden. Die Schalotte schälen und sehr fein würfeln. Butter in einem Topf erhitzen und Schalotte darin unter Rühren andünsten. Mit Fischfond aufgießen und 10 Minuten leise kochen lassen.

4 Sahne in den Fischfond gießen und aufkochen lassen. Danach Hitze reduzieren und 5 Minuten ziehen lassen. Die Gemüsestreifen einlegen und in ca. 5 Minuten bissfest garen. Mit Salz, Pfeffer, Zitronensaft und etwas Zitronenschale abschmecken. Rucola waschen, trocken schütteln und der Länge nach in dünne Streifen schneiden.

5 Die Kräuterbutter mit dem Krebsfleisch in einen Topf geben und erwärmen. Das Fleisch darf aber nicht anbraten.

6 Nach ca. 5 Minuten vom Herd nehmen und das Fleisch auf vorgewärmte, tiefe Teller verteilen. Mit der Sahnesuppe begießen und mit Rucola garniert servieren.

TIPP
Geschmacklich erinnert das Fleisch der Taschenkrebse an das der Hummer.

Bunte Fischsuppe

Für 4 Personen:
**500 g Rotbarschfilet
Saft von 1 Zitrone
Salz
1 Schalotte
125 g Champignons
1 gelbe Paprikaschote**

**1 Tomate
1 Bd. Petersilie
2 EL Pflanzencreme
150 g Sahne
600 ml Gemüsebrühe
Pfeffer aus der Mühle**

Zubereitungszeit:
35 Min.

Nährwerte pro Person:
**344 kcal, 1435 kJ,
29 g EW, 23 g F, 5 g KH**

1 Das Fischfilet abbrausen und mit etwas Zitronensaft beträufeln. Salzen und mundgerecht klein schneiden. Schalotte schälen und hacken.

2 Die Champignons putzen und halbieren. Paprika halbieren, putzen und waschen. Eine Hälfte fein, die andere grob würfeln. Tomate waschen, entkernen und würfeln. Petersilie waschen, trocken schütteln und fein hacken.

3 Schalotte, Champignons und die groben Paprikawürfel in Pflanzencreme unter Rühren andünsten.

Dann Sahne sowie Gemüsebrühe angießen und das Ganze aufkochen.

4 Den Fisch in den Sud geben und ca. 10 Minuten bei milder Hitze darin gar ziehen lassen. Die Fischsuppe dann mit Salz, frisch gemahlenem Pfeffer und Zitronensaft abschmecken.

5 Die Fischsuppe auf 4 tiefe Teller verteilen. Mit den Paprika- und Tomatenwürfeln sowie gehackter Petersilie bestreuen. Dann das Ganze rasch heiß servieren.

Schellfisch-Gemüse-Eintopf mit Currysoße

Für 4 Personen:
500 g Schellfischfilet
2 Stangen Sellerie
2 Möhren
4 Frühlingszwiebeln
1 Fenchelknolle
1 Knoblauchzehe
1 walnussgroßes Stück
Ingwer
2 EL Olivenöl
1 EL gelbe Currypaste
600 ml Fischfond
200 ml Kokosmilch
helle Sojasoße
Cayennepfeffer
Brunnenkresse zum
Garnieren

Zubereitungszeit:
30 Min.
Garzeit:
20 Min.

Nährwerte pro Person:
247 kcal, 1033 kJ,
32 g EW, 9 g F, 9 g KH

1 Fisch waschen, trocken tupfen und in mundgerechte Stücke teilen. Sellerie waschen, putzen und in Scheiben schneiden. Die Möhren schälen und ebenfalls in Scheiben schneiden. Frühlingszwiebeln waschen, putzen und in Ringe schneiden.

2 Fenchel waschen und putzen, dann halbieren, den harten Strunk herausschneiden und Fenchel klein schneiden. Knoblauch schälen und fein würfeln. Ingwer schälen und fein reiben.

3 Olivenöl in einer Pfanne erhitzen. Sellerie, Möhren, Frühlingszwiebeln, Fenchel und Knoblauch darin 1 – 2 Minuten anschwitzen.

4 Ingwer sowie Currypaste untermengen. Kurz mit anschwitzen und dann das Ganze mit Fischfond und Kokosmilch ablöschen. Ca. 10 Minuten leise köcheln lassen.

5 Dann Fisch zufügen und ca. 10 Minuten nur noch leise ziehen lassen. Mit Sojasoße und Cayennepfeffer abschmecken. Den Schellfisch-Gemüse-Eintopf mit Brunnenkresse garnieren und heiß servieren.

TIPP

Currypasten gibt es in unterschiedlichen Schärfegraden zu kaufen. Am bekanntesten sind gelbe, rote und grüne Currypasten, wobei die grüne Paste am schärfsten ist.

Fischragout mit Gurke und Cranberrys

Für 4 Personen:
150 g Salatgurke
600 g Lengfischfilet
40 g getrocknete Cran-
berrys
1 EL Öl
200 ml leichte Hühner-
brühe
200 g Kochsahne
3 EL heller Soßenbinder
2–4 TL Zitronensaft
Salz
Pfeffer
1 kleines Bd. Dill

Zubereitungszeit:
20 Min.

Nährwerte pro Person:
280 kcal, 1172 kJ,
30 g EW, 10 g F, 17 g KH

1 Gurke waschen und schälen. Gurke quer halbieren und in Scheiben schneiden. Lengfischfilet abbrausen, trocken tupfen und in Stücke schneiden. Cranberrys hacken.

2 Öl in einer beschichteten Pfanne erhitzen. Lengfisch darin hell anbraten und dann aus der Pfanne nehmen. Den Bratensatz mit Brühe ablöschen und Sahne angießen. Das Ganze 2–3 Minuten köcheln lassen.

3 Soßenbinder in den Sud streuen und die Soße unter Rühren ca. 1 Minute kochen lassen. Dann mit Zitronensaft, Salz und Pfeffer abschmecken.

4 Fischfilets, Gurke und Cranberrys in die Soße geben. Fischfilets darin ca. 4 Minuten bei schwacher Hitze gar ziehen lassen.

5 In der Zwischenzeit Dill abbrausen, trocken schütteln und hacken. Die Soße nochmals abschmecken und den Dill einrühren. Heiß servieren.

BEILAGE
Als Beilage passen Reis und Salzkartoffeln besonders gut.

Meeresfrüchte-eintopf mit Reis auf kreolische Art

Für 4 Personen:
3 Knoblauchzehen
250 g Zwiebeln
200 g frische Okraschoten
150 g Stangensellerie
300 g grüne Paprika-schoten
250 g scharfe, schnittfeste Rohwurst (Chorizo oder Cabanossi)
500 g Mies- oder Venus-muscheln
3 EL Öl
200 ml trockener Weiß-wein
450 g geschälte Tomaten (Dose)
800 ml Geflügelfond (Glas)

2 TL gemahlener Kreuz-kümmel
8 küchenfertige Riesen-garnelen (ca. 200 g)
schwarzer Pfeffer
Salz
4 Rotbarbenfilets
200 g Basmatireis
1 EL Schnittlauch-röllchen

Zubereitungszeit:
1 Std.

Nährwerte pro Person:
1010 kcal, 4226 kJ,
76 g EW, 49 g F, 58 g KH

1 Knoblauch und Zwiebeln schälen und fein hacken. Okraschoten waschen, Enden abschneiden und die Schoten in ca. 1 cm dicke Scheiben schneiden. Den Stangensellerie waschen, putzen und in kleine Würfel schneiden.

2 Paprikaschoten waschen, vierteln und von Kernen und Innenhäuten befreien. Schoten in 1 cm große Würfel schneiden.

3 Wurst häuten und würfeln. Muscheln kalt waschen, Bärte entfernen und offene Exemplare aussortieren.

4 Öl in einem großen Topf erhitzen und Knoblauch, Zwiebeln, Paprika sowie Sellerie darin andünsten. Die Muscheln dazugeben, 1 weitere Minute dünsten und den Weißwein angießen. Zugedeckt bei mittlerer Hitze dünsten, bis sich die Muscheln öffnen.

5 Muscheln mit dem Gemüse in ein Küchensieb abgießen und abtropfen lassen, dabei den Sud auffangen. Geschlossene Muscheln aussortieren.

6 Tomaten in eine Schüssel geben, zerdrücken und in den Topf geben. Geflügelfond und Muschelsud angießen, mit Kreuzkümmel würzen und aufkochen lassen.

7 Okraschoten und Wurst zu den Tomaten geben. Das Ganze bei mittlerer Hitze 25 Minuten garen.

8 Garnelen waschen, mit Küchenpapier trocken tupfen und 5 Minuten vor Ende der Garzeit zur Tomatenmischung in den Topf geben. Muscheln zufügen und mit Pfeffer und Salz abschmecken.

9 Fischfilets kalt abspülen, trocken tupfen und auf den Eintopf legen. Den Fisch zugedeckt ca. 4 Minuten dämpfen.

10 Während der Eintopf gart, den Reis vorbereiten. In reichlich Salzwasser ca. 20 Minuten garen, danach abgießen und abtropfen lassen. Den Reis mit dem Eintopf auf Schüsseln verteilen und mit Schnittlauch garniert servieren.

Süßsaures Garnelencurry mit Cranberrys

Für 4 Personen:
**400 g küchenfertige
Garnelen
4 Möhren
2 Frühlingszwiebel
2 Knoblauchzehe
5 cm frische Ingwer-
wurzel
2 Stängel Koriander
1 Limette (unbehandelt)
2 TL Sonnenblumenöl
60 g getrocknete Cran-
berrys
Sojasoße
2 TL Honig
Pfeffer aus der Mühle**

Zubereitungszeit:
30 Min.

Nährwerte pro Person:
**277 kcal, 945 kJ,
21 g EW, 7 g F, 19 g KH**

1 Garnelen abspülen und abtupfen. Möhren schälen, waschen und klein schneiden. Frühlingszwiebeln putzen, waschen und schräg in Stücke schneiden.

2 Knoblauch sowie Ingwer schälen und sehr fein hacken. Koriander abbrausen, trocken schütteln, Blättchen abzupfen und fein hacken. Limette heiß waschen, trocken reiben und in Scheiben schneiden.

3 Sonnenblumenöl in einem Topf erhitzen. Die Garnelen darin ca. 3 Minuten unter Rühren anbraten

und anschließend herausnehmen. Knoblauch und Ingwer in das verbliebene Bratfett geben und darin andünsten.

4 Möhren, Frühlingszwiebeln, Cranberrys, Limettenscheiben und 100 ml Wasser zugeben und das Ganze ca. 8 Minuten schmoren.

5 Die Garnelen zufügen und mit ein wenig Sojasoße, Honig und Pfeffer würzen. Koriander darüberstreuen und heiß servieren.

Bunter Meeresfrüchte-Fisch-Eintopf

Für 4 Personen:
400 g Venusmuscheln
150 ml trockener Weiß-
wein
1 Zwiebel
2 Knoblauchzehen
2 rote Chilischoten
2 Zucchini
500 g Cocktailtomaten
2 EL Olivenöl
1 EL Tomatenmark
800 ml Fischfond (Glas)
Salz
Pfeffer aus der Mühle
500 g Fischfilet (z.B.
Rotbarbe, Seeteufel)
8 Riesengarnelen
Zitronensaft
frische Kräuter zum
Garnieren

Zubereitungszeit:
35 Min.
Garzeit:
25 Min.

Nährwerte pro Person:
453 kcal, 1895 kJ,
61 g EW, 13 g F, 16 g KH

1 Venusmuscheln unter fließendem kaltem Wasser waschen und mit einer Bürste reinigen, dabei bereits geöffnete Exemplare wegwerfen. Weißwein in einem Topf aufkochen lassen.

2 Muscheln in den Topf geben und zugedeckt ca. 5 Minuten köcheln lassen, bis die Muscheln geöffnet sind. Dabei mehrmals am Topf rütteln. Nach Garzeitende Topf vom Herd ziehen und geschlossene Muscheln wegwerfen.

3 Zwiebel und Knoblauch schälen und fein hacken. Chilischoten waschen, putzen und ebenfalls hacken. Zucchini waschen, putzen und in Scheiben schneiden. Tomaten waschen und halbieren.

4 Olivenöl in einem ausreichend großen Topf erhitzen. Zwiebel, Knoblauch und Chili darin anschwitzen. Dann das Tomatenmark einrühren. Mit Fischfond ablöschen und Zucchini sowie Tomaten zufügen. Salzen, pfeffern und ca. 10 Minuten leise köcheln lassen.

5 Fischfilets waschen, trocken tupfen und in mundgerechte Stücke schneiden. Garnelen waschen, putzen und längs halbieren. Mit den Muscheln in den Sud geben und alles weitere 5–10 Minuten nur noch gar ziehen lassen.

6 Den Meeresfrüchte-Fisch-Eintopf mit Zitronensaft, Salz und frisch gemahlenem Pfeffer abschmecken. Nach Belieben mit frischen Kräutern garnieren und heiß servieren.

VARIANTE

Natürlich können unterschiedliche Fischsorten verwendet werden, das macht den Eintopf noch abwechslungsreicher. Achten Sie beim Einkauf in jedem Falle darauf, dass Sie festfleischige Fische kaufen. Außerdem können noch in Ringe geschnittene Tintenfischtuben zugegeben werden.

Fischeintopf mit Garnelen

Für 4 Personen:
2 Schalotten
150 g Stangensellerie
1 Möhre
1 kleine Stange Lauch
1 Bd. Estragon
1 TL Fenchelsamen
3 EL Olivenöl
500 ml Fischfond (Glas)
500 g passierte Tomaten (Dose)
6 cl Anisschnaps
Salz
Pfeffer aus der Mühle
400 g Fischfilet (z. B. Wolfsbarsch, Saibling)
200 g rohe geschälte Garnelen
150 g Crème fraîche

Zubereitungszeit:
30 Min.

Nährwerte pro Person:
382 kcal, 1598 kJ,
34 g EW, 23 g F, 8 g KH

1 Schalotten abziehen und fein würfeln. Sellerie und Möhre waschen, putzen und ebenfalls fein würfeln. Lauch waschen, putzen und in feine Ringe schneiden.

2 Estragon waschen und trocken schütteln. Die Hälfte der Estragonblättchen fein hacken, die übrigen ganz lassen. Fenchelsamen im Mörser zerstoßen.

3 Olivenöl in einem Topf erhitzen und die Schalottenwürfel darin glasig dünsten. Gemüse dazugeben und kurz mitdünsten. Mit Fischfond ablöschen.

4 Passierte Tomaten, Anisschnaps und den gehackten Estragon hinzufügen. Mit Salz, Pfeffer und zerstoßenem Fenchel würzen. Zugedeckt 10 Minuten garen.

5 Fischfilet waschen, trocken tupfen und in Stücke schneiden. Garnelen waschen und trocken tupfen. Dann am Rücken längs einritzen und vom Darmfaden befreien.

6 Fisch sowie Garnelen in den Eintopf geben. Deckel auflegen und 4 – 5 Minuten ziehen lassen, dabei nicht kochen lassen. Danach ganze Estragonblättchen zugeben und mit Crème fraîche servieren.

BEILAGE
Servieren Sie nach Belieben knusprig warmes Baguette dazu.

Schweinefleisch-Venusmuschel-Eintopf

Für 4 Personen:
**500 g Schweinefleisch
(z. B. aus der Nuss)
Salz
Pfeffer aus der Mühle
400 g Zwiebeln
1 kg festkochende
Kartoffeln
2 EL Butterschmalz
2 EL Tomatenmark
je 1 EL Paprikapulver
edelsüß und scharf
200 ml Fischfond
4 Fleischtomaten
600 g Venusmuscheln
2 Knoblauchzehen
2 EL Olivenöl
100 ml trockener
Weißwein
½ Bd. Basilikum**

Zubereitungszeit:
50 Min.
Garzeit:
1 Std.

Nährwerte pro Person:
**670 kcal, 2803 kJ,
54 g EW, 21 g F, 59 g KH**

Schweinefleisch mit kaltem Wasser waschen und trocken tupfen. In mundgerechte Stücke schneiden. Mit etwas Salz und Pfeffer würzen. Zwiebeln schälen und würfeln. Kartoffeln schälen, waschen und würfeln.

Butterschmalz in einem Topf erhitzen. Die Fleischwürfel darin portionsweise von allen Seiten kräftig anbraten. Gegartes Fleisch beiseitestellen. Die Zwiebelwürfel in das heiße Bratfett geben und ebenfalls anbraten. Kartoffelwürfel dazugeben und ca. 3 Minuten mit anbraten, immer wieder umrühren.

Gebratenes Fleisch wieder zugeben und Tomatenmark untermengen. Mit edelsüßem und scharfem Paprikapulver würzen. Unter Rühren andünsten.

Fischfond angießen und aufkochen. Zudecken und 1 Stunde leicht köcheln lassen, gelegentlich umrühren. Tomaten mit heißem Wasser überbrühen und häuten. Tomaten vierteln, von Stielansätzen sowie Kernen befreien und würfeln. Nach 30 Minuten Garzeit zum Fleisch geben.

Venusmuscheln unter fließendem kaltem Wasser waschen und mit einer Bürste gründlich reinigen. Bereits geöffnete Muscheln entfernen. Knoblauch schälen und fein hacken. In einer großen Pfanne Olivenöl erhitzen und Knoblauch darin dünsten, ohne dass er dunkel wird. Muscheln zufügen und bei schwacher Hitze ca. 5 Minuten sautieren, bis sie sich öffnen. Weißwein angießen und einmal aufkochen lassen. Ungeöffnete Muscheln entfernen.

Muscheln zum fertigen Fleischtopf geben, unterrühren und alles nochmal mit Salz und Pfeffer abschmecken. Basilikum waschen, trocken schütteln, hacken und untermengen.

Lachs-Gemüse-Eintopf

Für 4 Personen:
250 g Weißkohl
3 vorwiegend fest-
kochende Kartoffeln
1 Möhre
1 Stange Lauch
1 Zwiebel
2 EL Olivenöl

1 kleine Knoblauchzehe
100 ml Weißwein
4 EL stückige Tomaten
(Dose)
800 ml Fischfond (Glas)
½ Bd. Petersilie
2 Stängel Estragon
1 Lorbeerblatt

400 g Lachsfilet
2 EL Zitronensaft
Salz
Pfeffer

Zubereitungszeit:
30 Min.
Garzeit:
35 Min.

Nährwerte pro Person:
254 kcal, 1060 kJ,
22 g EW, 12 g F, 15 g KH

Vom Weißkohl die äußeren Blätter entfernen und den Kohl in kleine Stücke schneiden, dabei den Strunk entfernen. Kartoffeln schälen, waschen und in Stücke schneiden. Möhre schälen und in Scheiben schneiden. Lauch putzen, waschen und in Ringe schneiden. Zwiebel abziehen und würfeln.

Olivenöl in einem großen Topf erhitzen. Zwiebel darin glasig dünsten. Knoblauch abziehen und dazupressen. Mit Wein ablöschen und Tomaten hinzugeben. Das Ganze bei mittlerer Hitze kurz schmoren.

Fischfond angießen. Petersilie und Estragon waschen, trocken schütteln und mit Küchengarn zu einem Sträußchen zusammenbinden. Das vorbereitete Gemüse, Lorbeerblatt und die Kräuter in den Topf geben. Die Suppe bei schwacher Hitze zugedeckt ca. 30 Minuten garen.

Das Lachsfilet unter fließendem kaltem Wasser abspülen, mit Küchenpapier trocken tupfen und in mundgerechte Stücke schneiden. Rundum mit Zitronensaft beträufeln.

Eintopf mit Salz und Pfeffer würzen. Lachs untermischen und 5–6 Minuten bei schwacher Hitze gar ziehen lassen. Das Ganze nach Bedarf nochmals mit Salz und Pfeffer abschmecken. Das Lorbeerblatt und das Kräutersträußchen entfernen. Eintopf auf Suppenteller verteilen und sofort servieren.

Buntes Fischgulasch

Für 4 Personen:
2 große Zwiebeln
400 g festkochende
Kartoffeln
2 rote Paprikaschoten
400 g Tomaten
1 EL Öl
300 ml Fischfond (Glas)

2 EL Paprikapulver edel-
süß
Salz
weißer Pfeffer
700 g Fischfilet (z. B.
Seelachs, Rotbarsch,
Karpfen, Zander)
½ Bd. Dill oder Petersilie

1 EL Zitronensaft
100 g Crème fraîche

Zubereitungszeit:
40 Min.
Schmorzeit:
25 Min.

Nährwerte pro Person:
487 kcal, 2038 kJ,
47 g EW, 19 g F, 30 g KH

Zwiebeln schälen, halbieren und in Streifen schneiden. Kartoffeln schälen, waschen und in ca. 1 cm große Würfel schneiden. Paprika putzen, waschen und würfeln. Tomaten waschen und würfeln.

Öl in einem großen Topf erhitzen. Die Zwiebeln darin bei mittlerer Hitze andünsten. Kartoffel- und Paprikawürfel zugeben und kurz mitbraten. Fond und Tomaten untermengen, mit Paprikapulver, Salz und Pfeffer abschmecken. Zugedeckt bei mittlerer Hitze ca. 20 Minuten schmoren.

Fischfilet kalt abspülen, trocken tupfen und in mundgerechte Stücke schneiden. Dill oder Petersilie waschen, trocken schütteln und hacken, dabei grobe Stielenden entfernen.

Zitronensaft und Crème fraîche unter das Gemüse rühren, bei Bedarf nachwürzen. Fischwürfel auf das Gemüse legen und zugedeckt bei schwacher Hitze ca. 5 Minuten ziehen lassen. Dann vorsichtig untermischen und vor dem Servieren mit Dill oder Petersilie bestreuen.

HAUPTGERICHTE MIT
NUDELN & REIS

Bandnudeln mit Lachs-Dill-Soße *(Abb. S. 49)*

Für 4 Personen:	100 ml Gemüsebrühe	1 Bd. Dill	Zubereitungszeit:
1 Schalotte	(z. B. von Alnatura)	schwarzer Pfeffer	30 Min.
1 Knoblauchzehe	100 ml trockener Weiß-	1 – 2 EL Zitronensaft	
400 g Lachsfilet	wein	Rohrohrzucker	Nährwerte pro Person:
2 EL Olivenöl	200 g Sahne		392 kcal, 1640 kJ,
1 geh. TL Weizenmehl	500 g grüne Bandnudeln		21 g EW, 29 g F, 8 g KH
(Type 550)	Meersalz		

1 Schalotte schälen und halbieren. Knoblauch abziehen und mit Schalotte fein würfeln. Lachsfilets abspülen, trocken tupfen und in ca. 2 cm große Würfel schneiden.

2 Öl in einer Pfanne erhitzen. Schalotte und Knoblauch darin unter Rühren anbraten. Den Fisch zugeben und unter vorsichtigem Rühren mitbraten; die Würfel sollen nicht zerfallen. Von allen Seiten leicht bräunen. Danach alles aus der Pfanne nehmen.

3 Mehl durch ein Sieb über den Bratensatz stäuben und unterrühren. Mit Gemüsebrühe und Wein ablöschen. Unter Rühren kräftig aufkochen lassen. Dann Pfanne vom Herd nehmen. Sahne unter Rühren zugießen. Soße wieder erwärmen, aber nicht kochen lassen.

4 In der Zwischenzeit die grünen Bandnudeln in reichlich gesalzenem Wasser bissfest garen.

5 Dill abbrausen, trocken schütteln und fein hacken. Zur Soße geben und diese mit Meersalz, viel schwarzem Pfeffer, Zitronensaft und Rohrohrzucker würzig abschmecken.

6 Lachs und Zwiebeln wieder in die Soße geben. Im Sud ziehen lassen, bis der Fisch warm ist. Soße heiß mit den Nudeln servieren.

Nudelpfanne mit Rotbarsch

Für 4 Personen:	1 Zwiebel	100 ml Fischfond (Glas)	Zubereitungszeit:
200 g Spiralnudeln	2 Knoblauchzehen	je 1 TL gerebelter	30 Min.
Salz	2 gelbe Paprikaschoten	Oregano und Thymian	
500 g Rotbarschfilet	2 Zucchini	gerebeltes Basilikum	Nährwerte pro Person:
Saft von 1 Zitrone	1 Chilischote	8 Cocktailtomaten	43 kcal, 1436 kJ,
Pfeffer aus der Mühle	1 EL Sojasoße	Basilikumblättchen zum	29 g EW, 16 g F, 19 g KH
4 EL Olivenöl	50 ml trockener Weißwein	Garnieren	

1 Spiralnudeln nach Packungsanweisung in reichlich Salzwasser bissfest garen. Anschließend in ein Sieb abgießen, abtropfen lassen und warm halten.

2 Fischfilet abspülen, trocken tupfen und in Würfel schneiden. Mit dem Zitronensaft säuern, salzen und pfeffern. Öl in einer Pfanne erhitzen und die Fischwürfel darin ca. 5 Minuten anbraten. Herausnehmen und warm stellen.

3 Zwiebel und Knoblauch schälen und fein würfeln. Paprika und Zucchini putzen, waschen und grob würfeln. Chilischote längs halbieren, unter fließendem Wasser entkernen und in Streifen schneiden.

4 Gemüse zum verbliebenen Bratfond geben, Sojasoße, Wein und Fond zugeben, mit Salz, Pfeffer, Oregano, Thymian und Basilikum würzen und aufkochen. Fisch unter die Gemüsepfanne heben. Alles bei schwacher Hitze ca. 5 Minuten garen.

5 Tomaten waschen, halbieren und mit den Nudeln unter die Fischpfanne heben. Mit Salz, Pfeffer und Basilikum abschmecken und heiß servieren.

VARIANTE
Für dieses Gericht können auch Seelachs-, Seeteufel- oder Zanderfilets verwendet werden.

Spaghetti alle vongole

Für 4 Personen:
400 g Spaghetti
Salz
2 dünne Stangen Lauch
1 rote Chilischote
1 kg Venusmuscheln
3 EL Olivenöl
200 ml trockener Weiß-
wein
Pfeffer aus der Mühle
frischer Thymian zum
Garnieren

Zubereitungszeit:
35 Min.

Nährwerte pro Person:
626 kcal, 2619 kJ,
42 g EW, 8 g F, 86 g KH

1 Nudeln nach Packungsanweisung in reichlich kochendem Salzwasser bissfest garen. Anschließend abgießen und abtropfen lassen.

2 Lauch längs halbieren, putzen, gründlich waschen und das Weiße und das Hellgrüne klein schneiden. Chilischote längs halbieren, unter fließendem Wasser entkernen und in feine Würfel schneiden.

3 Muscheln kalt waschen, Bärte entfernen und offene Exemplare aussortieren. In einem großen Topf das Öl erhitzen und Lauch und Chili darin andünsten. Muscheln dazugeben, Wein angießen und bei starker Hitze zugedeckt ca. 5 Minuten kochen, bis sich die Muscheln geöffnet haben. Die Muscheln mit Gemüse in ein Sieb abgießen, dabei den Sud auffangen und geschlossene Muscheln aussortieren.

4 Kochsud mit Salz und Pfeffer abschmecken. Spaghetti in die Soße rühren, erwärmen und mit den Muscheln auf Tellern anrichten. Mit frischem Thymian garniert servieren.

Nudelwok mit Garnelen

Für 4 Personen:
100 g Mie-Nudeln
Salz
200 g buntes Gemüse der
Saison (z. B. Paprika,
Frühlingszwiebeln, Pilze)
1 Knoblauchzehe
16 mittelgroße rohe
geschälte Garnelen
Erdnussöl
Saft von 1 Zitrone
40 g Cashewnüsse
60 ml Woksoße (z. B. von
Kikkoman)

Zubereitungszeit:
20 Min.

Nährwerte pro Person:
244 kcal, 1021 kJ,
25 g EW, 14 g F, 33 g KH

1 Nudeln nach Packungsangabe in reichlich Salzwasser in 4–5 Minuten bissfest garen. Anschließend in ein Sieb abgießen und abtropfen lassen.

2 Buntes Gemüse waschen, putzen und in mundgerechte Stücke schneiden. Die Knoblauchzehe abziehen und fein hacken. Garnelen abbrausen und trocken tupfen.

3 Erdnussöl im Wok erhitzen. Garnelen zugeben und kurz rundum kräftig anbraten. Dann mit Zitronensaft ablöschen.

4 Klein geschnittenes Gemüse sowie Cashewnüsse zugeben und einige Minuten mitbraten. Knoblauch zugeben und das Ganze mit Woksoße würzen.

5 Nudeln in den Wok geben, untermischen und warm werden lassen. Dann sofort heiß servieren.

TIPP

Mie-Nudeln werden auf Basis von Weizenmehl hergestellt und sind getrocknet erhältlich.

Penne mit Lachs und Gorgonzolasoße

Für 4 Personen:
400 g Penne
Salz
240 g dünnes Lachsfilet
(z. B. aus Norwegen)
200 g Gorgonzola

250 g Sahne
Pfeffer aus der Mühle
Dill zum Garnieren

Zubereitungszeit:
20 Min.

Nährwerte pro Person:
1292 kcal, 5405 kJ,
31 g EW, 95 g F, 67 g KH

1 Penne nach Packungsanweisung in reichlich Salzwasser bissfest kochen. Lachsfilet mit kaltem Wasser abspülen, gründlich trocken tupfen und anschließend in mundgerechte Stücke schneiden. Gorgonzola in kleine Stücke teilen.

2 Sahne zusammen mit dem Gorgonzola in eine große Pfanne geben. Dann langsam erhitzen und dabei unter gelegentlichem Rühren den Käse schmelzen lassen.

3 Penne in ein Sieb abgießen und zusammen mit dem Lachs zur Gorgonzolasoße geben. Vorsichtig unterrühren und das Ganze bei mittlerer Hitze ein wenig einkochen lassen. Mit Salz und frisch gemahlenem Pfeffer würzen. Kochvorgang beenden, sobald die Soße beginnt anzudicken.

4 Zum Schluss die Penne mit Lachs auf Teller verteilen und nach Wunsch mit Dill garnieren.

VARIANTE

Genauso schnell können Sie Penne mit Räucherlachs zubereiten: Hierzu 400 g Penne nach Packungsanweisung bissfest garen. 120 g Räucherlachs in feine Streifen schneiden. 2 EL Butter in einem breiten Topf erhitzen, 150 g Sahne und die Hälfte vom Lachs zufügen, salzen, pfeffern, mit ½ TL getrockneten Thymian bestreuen und erhitzen, ohne jedoch zu kochen. Penne abgießen, abtropfen lassen und mit der Soße vermischen. Penne auf Teller verteilen und mit dem restlichen Lachs bestreut servieren.

Garnelen Arrabbiata auf schwarzen Linguine

Für 4 Personen:
Für die schwarzen Linguine:
ca. 200 g Mehl
50 ml Sojasoße für den Nudelteig (z. B. von Kikkoman)
1 TL Olivenöl
1 TL Tintenfischtinte (Sepia)
2 Eier
etwas Sojasoße für das Nudelwasser
etwas Butter
Für die Garnelen:
2 Knoblauchzehen
12 Garnelen, geschält
Saft von 1 Limette
Olivenöl zum Braten
50 ml Sojasoße
Pfeffer aus der Mühle
Für die Tomatensoße:
1 rote Chilischote
½ Bd. Basilikum
3 Tomaten
1 Zwiebel
2 Knoblauchzehen
etwas Olivenöl zum Braten
100 ml Gemüsebrühe
80 ml Sojasoße
etwas brauner Zucker

Zubereitungszeit:
45 Min.
Ruhezeit:
45 Min.

Nährwerte pro Person:
483 kcal, 2021 kJ,
29 g EW, 21 g F, 45 g KH

1 Für den Pastateig 200 g Mehl durch ein Sieb in eine große Schüssel sieben. Sojasoße, Olivenöl, Tinte sowie Eier zugeben. Alles mit den Händen gut durchkneten. Mit etwas Wasser zu einem kompakten Teig kneten. Teig zu einer Kugel formen und ca. 30 Minuten abgedeckt bei Zimmertemperatur ruhen lassen.

2 Teig portionieren und dünn ausrollen; gegebenenfalls mit Mehl nachhelfen. Den Teig in die gewünschte Nudelform bringen und anschließend ca. 15 Minuten trocknen lassen.

3 Für die Garnelen die Knoblauchzehen schälen und halbieren. Garnelen mit Limettensaft würzen und in einer heißen Pfanne im Olivenöl und mit dem Knoblauch kross von allen Seiten anbraten.

4 Die Garnelen kräftig mit Sojasoße ablöschen. Dann aus der Pfanne nehmen, mit etwas frisch gemahlenem Pfeffer nachwürzen und beiseitestellen.

5 Für die Tomatensoße die Chilischote fein hacken; wer es nicht so scharf mag, sollte die Kerne entfernen. Die Basilikumblätter abzupfen, waschen, trocken tupfen und dann fein schneiden.

6 Tomaten waschen, den Strunk entfernen und Tomaten in kleine Würfel schneiden. Zwiebel und Knoblauch schälen und dann ebenfalls in feine Würfel schneiden.

7 Etwas Olivenöl in einer heißen Pfanne erhitzen, Zwiebel- und Knoblauchwürfel zugeben und glasig anschwitzen. Tomatenwürfel und Chilischote zugeben, umrühren und mit der Gemüsebrühe auffüllen.

8 Sojasoße zugeben und ca. 10 Minuten köcheln lassen. Mit Zucker abschmecken, das Basilikum unterheben und beiseitestellen.

9 Reichlich Wasser in einen Topf geben und etwas Sojasoße hinzufügen. Aufkochen und die Nudeln hinzufügen. In 3–4 Minuten (je nach Dicke) »al dente« kochen.

10 Nudeln herausnehmen und mit etwas Butter sowie der Tomatensoße in eine Pfanne geben. Durchschwenken, noch mal abschmecken und auf den Teller anrichten. Die Garnelen daraufsetzen und servieren.

Spaghetti mit Zitronen-Thunfisch-Soße

Für 4 Personen:
1 kleine Zwiebel
220 g Thunfisch im
eigenen Saft (Glas)
1 Zitrone (unbehandelt)
2 EL in Salz eingelegte
Kapern
¼ Bd. Petersilie
1 EL Butter
200 g Sahne
Salz
Pfeffer aus der Mühle
400 g Spaghetti

Zubereitungszeit:
30 Min.

Nährwerte pro Person:
643 kcal, 2690 kJ,
24 g EW, 27 g F, 75 g KH

1 Zwiebel schälen und fein hacken. Thunfisch abtropfen lassen und zerpflücken. Zitrone heiß waschen und trocken reiben. Dann die Schale abreiben und den Saft auspressen.

2 Kapern unter fließendem kaltem Wasser abspülen und abtropfen lassen. Petersilie abbrausen, trocken schütteln und fein hacken.

3 Butter in einer Pfanne schmelzen und Zwiebel zusammen mit der Zitronenschale sanft anbraten. Den Thunfisch und die Kapern dazugeben und kurz mitbraten.

4 Zitronensaft angießen und etwas verdampfen lassen. Dann die Sahne dazugeben und aufkochen lassen. Pfanne von der Herdplatte ziehen und die Soße mit Salz und Pfeffer abschmecken. Petersilie unterrühren.

5 In der Zwischenzeit reichlich Salzwasser zum Kochen bringen und die Spaghetti darin bissfest garen. Abgießen und dabei etwas vom Kochwasser beiseitestellen.

6 Nudeln mit der Zitronen-Thunfisch-Soße mischen. 2–3 EL vom Kochwasser unterrühren und sofort servieren.

VARIANTE

Wer mag, kann noch 2 überbrühte und gehäutete Tomaten würfeln und diese mit dem Zitronensaft zur Thunfischsoße geben.

Spaghetti mit Miesmuscheln

Für 4 Personen:
1 Schalotte
2 Knoblauchzehen
3 Möhren
2 Selleriestangen
1 rote Chilischote
1 kg Miesmuscheln
500 ml Weißwein
6 EL Olivenöl
1 Dose geschälte
Tomaten (400 g)
Salz
Pfeffer aus der Mühle
400 g Spaghetti (z. B. von
Birkel)
2 EL Basilikum, frisch
gehackt

Zubereitungszeit:
45 Min.

Nährwerte pro Person:
672 kcal, 2841 kJ,
38 g EW, 11 g F, 103 g KH

1 Schalotte und Knoblauch schälen und fein hacken. Möhren schälen, waschen und klein würfeln. Sellerie putzen, waschen und in kleine Stücke schneiden. Chilischote waschen, trocken tupfen und in feine Ringe schneiden.

2 Die Miesmuscheln unter fließendem kaltem Wasser gründlich waschen und Bärte entfernen. Geöffnete Muscheln aussortieren und wegwerfen, da sie ungenießbar sind.

3 Muscheln in einen Topf geben, mit Wein und 4 EL Olivenöl bedecken und bei starker Hitze zugedeckt so lange kochen, bis sich die Muscheln geöffnet haben. Muscheln, die sich nicht geöffnet haben, wegwerfen. Muscheln abgießen, dabei 125 ml Fond aufheben.

4 Restliches Olivenöl in einem Topf erhitzen, Knoblauch, Schalotte und Chilischote darin bei mittlerer Hitze kurz anbraten, Möhren und Sellerie zufügen und ca. 5 Minuten mitbraten.

5 Gemüse mit Muschelfond ablöschen, die Tomaten zugeben, salzen, pfeffern und 15 Minuten bei schwacher Hitze köcheln lassen.

6 Spaghetti in Salzwasser nach Packungsanweisung bissfest kochen. Muscheln und 1 EL Basilikum in die Tomatensoße geben und bei schwacher Hitze darin erwärmen.

7 Spaghetti in einem Sieb abtropfen lassen. Auf Teller verteilen, Tomatensoße und Muscheln darübergeben und mit restlichem Basilikum bestreuen. Heiß servieren.

> **TIPP**
>
> Miesmuscheln enthalten Mineralstoffe wie Eisen, Zink, Jod und Selen. Außerdem beinhalten sie Vitamin A, C, E und Vitamine der B-Gruppe.

Lachsfilet auf Pappardelle und Waldpilzsoße

Für 4 Personen:
750 g braune Champig-
nons
2 Zwiebeln
1 Knoblauchzehe
100 Bd. Dill
600 g Lachsfilet
Saft ½ Zitrone
Salz
Pfeffer
2 EL Pflanzencreme
250 ml Gemüsebrühe
250 ml Cremefine zum
Kochen
300 g Pappardelle

Zubereitungszeit:
50 Min.

Nährwerte pro Person:
648 kcal, 2711 kJ,
43 g EW, 26 g F, 60 g KH

1 Champignons putzen und in Scheiben schneiden. Zwiebeln sowie Knoblauch abziehen und beides fein würfeln. Den Dill mit kaltem Wasser abbrausen, trocken schütteln, Fähnchen von den Stängeln zupfen und grob hacken.

2 Das Lachsfilet kalt abspülen und mit Küchenpapier trocken tupfen. Mit Zitronensaft beträufeln und dann mit Salz und Pfeffer würzen.

3 Pflanzencreme in einem breiten Topf erhitzen. Pilze, Zwiebeln sowie Knoblauch dazugeben und ca. 10 Minuten bei mittlerer Hitze dünsten.

4 Gemüsebrühe und Cremefine zum Gemüse gießen und das Ganze aufkochen. Fisch auf das Gemüse legen. Bei geschlossenem Topf und kleiner Hitze ca. 10 Minuten garen.

5 In der Zwischenzeit Pappardelle in reichlich Salzwasser nach Packungsanweisung bissfest kochen. Dann Nudeln abgießen und auf 4 vorgewärmte Teller verteilen.

6 Fisch auf die Nudeln legen. Pilzsoße mit Salz und Pfeffer abschmecken und über den Fisch geben. Mit Dill bestreut servieren.

Fischlasagne

Für 4 Personen:	1 l Milch	Zubereitungszeit:
600 g TK-Blattspinat	120 g Emmentaler,	40 Min.
600 g Fischfilet (z. B. vom	gerieben	Backzeit:
Seelachs)	Muskatnuss, frisch	35 Min.
2 EL Zitronensaft	gerieben	
Salz, Pfeffer	2 Schalotten	Nährwerte pro Person:
60 g Butter	12 Lasagneblätter (ohne	838 kcal, 3506 kJ,
80 g Mehl	Vorkochen; ca. 200 g)	57 g EW, 38 g F, 64 g KH

1 Spinat nach Packungsanweisung auftauen, danach in einem Sieb gut abtropfen lassen. Fischfilet kalt abspülen, trocken tupfen und in ca. 1 cm breite Streifen schneiden. Mit Zitronensaft beträufeln, mit Salz sowie Pfeffer würzen.

2 Für die Käsesoße 40 g Butter in einem Topf erhitzen. Das Mehl einrühren und kurz unter Rühren anschwitzen. Nach und nach die Milch einrühren. Soße unter Rühren aufkochen und bei schwacher Hitze ca. 5 Minuten sanft köcheln lassen. ⅔ vom Käse in die Soße geben und bei schwacher Hitze unter Rühren schmelzen lassen. Die Soße mit Salz, Pfeffer und Muskat abschmecken. Warm halten.

3 Schalotten schälen, würfeln und in der restlichen heißen Butter glasig anschwitzen. Mit dem Spinat vermengen, salzen und pfeffern. Den Backofen auf 200 Grad vorheizen.

4 Den Boden einer ofenfesten Form mit 6–7 EL Käsesoße bedecken. Schichtweise 4 Lasagneblätter, Fisch, ca. 6 EL Soße, 4 Nudelblätter, Spinat und ca. 6 EL Soße einfüllen. Restliche Nudelblätter obenauf legen und mit der übrigen Soße bedecken.

5 Die Fischlasagne mit dem restlichen Käse bestreuen und anschließend im heißen Backofen ca. 35 Minuten goldgelb backen. Heiß servieren.

Spaghettini mit Aal

Für 4 Personen:	Salz	Zubereitungszeit:
400 g Aal	schwarzer Pfeffer aus	35 Min.
2 Knoblauchzehen	der Mühle	Garzeit:
1 Zwiebel		30 Min.
1 Bd. Petersilie		
4–6 EL Olivenöl		Nährwerte pro Person:
250 g reife Tomaten		711 kcal, 2975 kJ,
400 g Spaghettini		30 g EW, 33 g F, 74 g KH

1 Aal häuten, Mittelgräte entfernen und Fisch in ca. 4 cm lange Stücke schneiden. Knoblauch und Zwiebel schälen und fein hacken. Petersilie kalt abbrausen, trocken schütteln und Blätter fein hacken.

2 Öl in einer Pfanne erhitzen, Knoblauch und Zwiebel zugeben und Farbe nehmen lassen. Petersilie und Fischfleisch in die Pfanne geben und mitbraten.

3 Inzwischen Tomaten kreuzweise einritzen, mit kochend heißem Wasser überbrühen und häuten.

Tomaten halbieren, Kerne herauslösen und das Fruchtfleisch in Würfel schneiden. Tomaten zum Aal geben und das Ganze bei geschlossenem Deckel bei milder Hitze 30 Minuten schmoren lassen.

4 Spaghettini in reichlich kochendem Salzwasser nach Packungsangabe bissfest garen. Anschließend die Nudeln in ein Sieb gießen, abtropfen lassen und in den Aalsugo geben. Gründlich vermengen und mit Salz sowie frisch gemahlenem Pfeffer abschmecken. Dann rasch heiß servieren.

Kräuterravioli mit Jakobsmuscheln

Für 4 Personen:
1 Bd. Kerbel
3 Eier
Salz
4 EL Olivenöl
310 g Mehl
500 g weißer Spargel
300 ml Schaumwein
Zucker
1 ½ EL Butter
100 g Sahne
8 frische Jakobsmuscheln
ohne Schale

Zubereitungszeit:
1 Std.

Nährwerte pro Person:
627 kcal, 2623 kJ,
21 g EW, 26 g F, 65 g KH

1 Den Kerbel waschen, trocken schütteln und ¾ der Blätter von den Stängeln zupfen. Eier mit ½ TL Salz, 3 EL Olivenöl sowie den Kerbelblättern mit einem Schneidstab pürieren. 300 g Mehl nach und nach dazugeben und das Ganze zu einem glatten Teig verkneten. Diesen in Klarsichtfolie wickeln und ca. 30 Minuten kalt stellen.

2 Inzwischen Spargel waschen, schälen und die holzigen Enden entfernen. Die Schalen und Enden mit 250 ml Schaumwein, 250 ml kaltem Wasser, 1 Prise Salz sowie mit etwas Zucker aufkochen. 10 Minuten ziehen lassen, dann durch ein Sieb streichen. Dabei den Sud auffangen.

3 Spargelstangen in ca. 3 cm lange Stücke schneiden, im Sud ca. 18 Minuten garen, abschöpfen und in 100 ml Spargelsud warm halten. Den Nudelteig dünn ausrollen und in 20 Quadrate von je ca. 10 cm Seitenlänge schneiden oder ausrädeln.

4 ½ EL Butter mit restlichem Mehl verkneten, mit Sahne und restlichem Spargelfond verrühren. Die Soße aufkochen und ca. 10 Minuten köcheln lassen.

5 Die Jakobsmuscheln waschen, gründlich trocken tupfen und im restlichen Öl von jeder Seite ca. 2 Minuten anbraten. Mit Salz würzen und abgedeckt beiseitestellen. Nudelplatten in kochendem Salzwasser ca. 2 Minuten garen.

6 Restliche Butter in Flöckchen sowie restlichen Schaumwein unter die Soße rühren, mit Salz und Zucker abschmecken und die Spargelstücke darin erwärmen.

7 Kräuterravioli abgießen, abtropfen lassen und mit dem Spargelragout auf Teller verteilen. Mit Jakobsmuscheln anrichten und mit dem restlichen Kerbel garniert servieren.

▌ TIPP ▐

Dill ist ein Kraut, das ebenfalls sehr gut mit Fisch und Meeresfrüchten harmoniert. Von 1 ½ Bd. Dill die Fähnchen verwenden, die Stängel entfernen und wie oben im Rezept beschrieben in den Pastateig arbeiten.

Bara-Sushi mit Tamago

Für 4 Stück:
2 Eier
1 EL Mirin
4 EL japanische Sojasoße
(z. B. von Bamboo Garden)
1 TL Zucker
1 EL Öl
je 100 g frisches Lachs-,
Wolfsbarsch-, Thunfisch-
filet
2 geröstete Noriblätter
2 TL Wasabipaste
1 Frühlingszwiebel
Essigwasser
250 g gegarter Sushi-
Reis
8 küchenfertige, gekochte
Garnelen
4 EL Forellenkaviar
3 EL Gari

Zubereitungszeit:
40 Min.

Nährwerte pro Stück:
507 kcal, 2121 kJ,
43 g EW, 13 g F, 53 g KH

1 Für das Tamago (Eieromelett) Eier, Mirin, 1 EL Soja-soße und Zucker verquirlen.

2 In einer kleinen beschichteten Pfanne Öl erhitzen und die Eiermischung darin bei sehr schwacher Hitze zu einem Omelett stocken lassen. Anschließend abkühlen lassen, aufrollen und quer in feine Röllchen schneiden.

3 Die Fischfilets kalt abspülen, trocken tupfen und mit einem scharfen Messer quer zur Faser in je 8 ca. 3 × 4 cm große Stücke schneiden.

4 Noriblätter in sehr feine Streifen schneiden. In einem kleinen Schälchen 3 EL Sojasoße mit 1 TL Wasabi-paste verrühren. Frühlingszwiebel putzen, waschen und schräg in feine Streifen schneiden.

5 Hände mit Essigwasser befeuchten, den Sushi-Reis zu 4 flachen Talern formen und auf 4 Tellern anrichten. Den Reis mit restlicher Wasabipaste bestreichen.

6 Garnelen, Fischfilets, Kaviar, Frühlingszwiebel, Tamago und Gari dekorativ auf den Reistalern anrichten.

7 Die angerührte Sojasoße und die Noriblattstreifen zu den Bara-Sushi reichen.

BEILAGE

Zu Bara-Sushi können Sie eine würzige Tofu-suppe servieren: 250 g Räuchertofu würfeln. 200 g Brunnenkresse waschen und hacken. 1 l Dashi-Brühe aufkochen und Tofu sowie Brunnenkresse darin ca. 5 Minuten köcheln lassen. Mit etwas Sojasoße abschmecken. In einer kleinen Schüssel 3 Eier mit 2 EL Mirin, etwas Zucker und Salz verrühren. Daraus in einer kleinen Pfanne 4 dünne Omeletts ausbacken. Omeletts in dünne Streifen schneiden, auf 4 Suppenschäl-chen verteilen und Brühe darübergießen.

Gunkan-Maki

Für 12 Stück:
2 geröstete Noriblätter
Essigwasser
150 g vorbereiteter
Sushi-Reis
1 TL Wasabipaste
30 g Lachskaviar oder
Forellenkaviar
30 g frisches Lachsfilet
30 g frisches Kabeljaufilet

Zubereitungszeit:
30 Min.

Nährwerte pro Stück:
83 kcal, 347 kJ,
4 g EW, 2 g F, 13 g KH

1 Von den Noriblättern eventuell fransige Seiten glatt schneiden. Die Noriblätter der Länge nach in 12 ca. 3 × 15 cm große Streifen schneiden.

2 Hände mit Essigwasser anfeuchten. Aus dem vorbereiteten Sushi-Reis 12 länglichovale, nicht zu feste Klößchen formen. Auf der Oberseite mit den Fingern ein wenig Wasabipaste verteilen.

3 Um jedes Reisklößchen einen Noriblattstreifen mit der glatten Seite nach außen wickeln. Das Blattende mit 1–2 Reiskörnern festkleben.

4 Den Reis im Noriblatt behutsam etwas herunterdrücken und den Kaviar gleichmäßig auf 3 Gunkan-Maki verteilen.

5 Lachs- und Kabeljaufilet kalt abspülen, trocken tupfen und fein hacken. Getrennt auf die restlichen Gunkan-Maki verteilen.

TIPP
Bei den Gunkan-Maki dient das Reisklößchen als Boden, um den ein zurechtgeschnittenes Noriblatt gewickelt wird. Oben entsteht dadurch eine Öffnung, die besonders mit weichen Zutaten gefüllt werden kann. Kaviar, Seeigelrogen, Fischcreme oder sogar Rührei eignen sich dafür bestens.

Muschelrisotto

Für 4 Personen:
2 kg Miesmuscheln
1 Gemüsezwiebel
2 Knoblauchzehen
8 EL Olivenöl
500 ml Weißwein
1 l Gemüse- oder
Hühnerbrühe
Salz
Pfeffer
2 TL getrockneter
Oregano
5 Schalotten
250 g Risottoreis
1 Bd. Schnittlauch
4 Stängel Kerbel
Kerbel zum Garnieren

Zubereitungszeit:
40 Min.
Garzeit:
30 Min.

Nährwerte pro Person:
**642 kcal, 2686 kJ,
26 g EW, 24 g F, 59 g KH**

1 Die Miesmuscheln unter fließendem kaltem Wasser gründlich abbürsten. Bärte entfernen und geöffnete Muscheln wegwerfen. Gemüsezwiebel und Knoblauch schälen und würfeln.

2 In einem großen Topf 5 EL Olivenöl erhitzen. Zwiebel- und Knoblauchwürfel darin glasig anschwitzen. Das Ganze mit Weißwein und Brühe ablöschen. Mit Salz, Pfeffer und Oregano würzen und zum Kochen bringen.

3 Muscheln in den Topf geben, umrühren und zugedeckt 5 Minuten kochen lassen, dabei nach der Hälfte der Zeit mit einer Schaumkelle umrühren. Anschließend Muscheln aus dem Fond heben und abtropfen lassen.

4 Muschelfond durch ein Sieb abseihen. 4 Muscheln mit Schale beiseitelegen. Abgekühlte Muscheln aus den Schalen lösen und ungeöffnete Exemplare wegwerfen.

5 Schalotten schälen und fein würfeln. Den Reis unter reichlich fließendem Wasser abspülen und abtropfen lassen. Schalottenwürfel in einem Topf im restlichen Olivenöl glasig werden lassen.

6 Reis mit in den Topf geben und mit so viel Muschelfond aufgießen, dass der Reis 1 Fingerbreit hoch mit Flüssigkeit bedeckt ist. Unter ständigem Rühren zum Kochen bringen.

7 Reis ca. 25 Minuten leise köcheln lassen, dabei häufig rühren und immer wieder Flüssigkeit auffüllen. In den letzten 10 Minuten keinen Fond mehr dazugeben. Der Risottoreis sollte gerade noch Biss haben und nicht zu trocken sein.

8 Schnittlauch und Kerbel abbrausen, trocken schütteln und hacken. Mit den ausgelösten Muscheln vorsichtig unter das Risotto heben. Reis mit Salz und Pfeffer abschmecken und mit Kerbel sowie beiseitegelegten Muscheln garniert servieren.

Paella

Für 6 Personen:	Salz	1 l Fleischbrühe	Zubereitungszeit:
1 Zwiebel	Pfeffer aus der Mühle	400 g Rundkornreis	40 Min.
2 Knoblauchzehen	Paprikapulver edelsüß	1 g Safranpulver	Garzeit:
3 reife Tomaten	15 EL Olivenöl	125 ml trockener Weiß-	1 Std.
je ½ rote und grüne	350 g Miesmuscheln	wein	
Paprika	200 g Garnelen		Nährwerte pro Person:
300 g Hähnchenbrust-	200 g küchenfertiger		864 kcal, 3615 kJ,
filet	Tintenfisch		44 g EW, 48 g F, 61 g KH

1 Zwiebel schälen und grob würfeln. Knoblauch abziehen und hacken. Tomaten waschen, überbrühen und häuten. Vierteln, Stielansätze entfernen, Fruchtfleisch entkernen und würfeln. Paprika halbieren, von Kernen und weißen Innenhäuten befreien und waschen. Klein würfeln.

2 Hähnchenbrustfilet unter fließendem kaltem Wasser waschen und trocken tupfen. Mit einem Messer gegen die Faser in mundgerechte Stücke schneiden und mit etwas Salz, Pfeffer sowie Paprikapulver würzen. 5 EL Olivenöl in einer tiefen Pfanne erhitzen. Fleisch scharf anbraten, dann herausnehmen und beiseitestellen.

3 Muscheln unter fließendem kaltem Wasser abbürsten, bereits geöffnete entfernen. Garnelen schälen, mit einem Messer längs den Rücken entlang schneiden und schwarzen Darmfaden entfernen. Tinten-

fisch abbrausen, trocken tupfen und falls nötig klein schneiden.

4 Weitere 5 EL Olivenöl in der Pfanne erhitzen. Zwiebel hineingeben und glasig dünsten. Knoblauch zufügen und kurz mitdünsten. 500 ml Fleischbrühe angießen und offen 10 Minuten köcheln.

5 In einer Paellapfanne oder Reine das restliche Olivenöl erhitzen. Den Rundkornreis darin kurz anrösten. Safran in einigen Löffeln heißer Brühe auflösen und mit der restlichen Brühe, dem Weißwein sowie der Zwiebelmischung über den Reis gießen. Das Ganze aufkochen und ca. 25 Minuten sanft köcheln lassen.

6 Backofen auf 200 Grad vorheizen. Alle vorbereiteten Zutaten unter den Reis heben. Paellapfanne mit Alufolie abdecken und im Ofen in ca. 20 Minuten fertig garen.

Risotto mit Calamares

Für 4 Personen:
1 Zwiebel
1 Knoblauchzehe
1 Msp. Safranfäden
2 EL Olivenöl
3 EL Butter
200 g Risottoreis
100 ml trockener
Weißwein
ca. 700 ml Fischfond
1 Lorbeerblatt
1 Stück Zitronenschale
(unbehandelt)
500 g küchenfertige
Calamares
1 Möhre
1 Schalotte
Salz
Pfeffer aus der Mühle
70 g Parmesan, frisch
gerieben
Schnittlauch zum
Garnieren

Zubereitungszeit:
25 Min.
Garzeit:
25 Min.

Nährwerte pro Person:
525 kcal, 2197 kJ,
33 g EW, 22 g F, 45 g KH

1 Zwiebel und Knoblauch schälen, beides fein hacken. Safranfäden in 3 EL lauwarmes Wasser geben.

2 1 EL Olivenöl und 1 TL Butter in einen Topf geben und bei mittlerer Wärme erhitzen. Gehackte Zwiebeln sowie Knoblauch dazugeben und darin glasig dünsten. Dann den Risottoreis hinzufügen und unter ständigem Rühren andünsten, bis er glasig ist.

3 Die Hälfte des Weins angießen und unter häufigem Rühren vollständig einkochen lassen. Den Vorgang mit dem restlichen Wein wiederholen, dann so viel Fischfond angießen, dass der Reis gerade bedeckt ist. Safran mit Einweichwasser sowie Lorbeerblatt und Zitronenschale zugeben.

4 Flüssigkeit unter gelegentlichem Rühren fast vollständig einkochen lassen, erneut etwas Fond angießen, umrühren und einkochen lassen. So fortfahren,

bis die Brühe nach 15–20 Minuten aufgebraucht ist und der Reis fast fertig gegart ist; er soll noch einen leichten Biss haben.

5 Calamares waschen und trocken tupfen. Möhre und Schalotte schälen. Möhre fein würfeln und Schalotte halbieren und in Streifen schneiden. Mit der Möhre im restlichen Öl 1–2 Minuten anschwitzen. Calamares zufügen und 3–4 Minuten braten. Mit Salz und frisch gemahlenem Pfeffer würzen.

6 Nach Garzeitende Zitronenschale und Lorbeerblatt aus dem Reis entfernen. Parmesan und die übrige Butter unter das Risotto rühren. Mit Salz und frisch gemahlenem Pfeffer abschmecken.

7 Risotto auf Teller oder in Schalen geben. Calamares darauf anrichten und mit Schnittlauch garnieren. Heiß servieren.

Kedgeree

Für 4 Personen:
1 große Zwiebel
2 EL Öl
Salz
Pfeffer aus der Mühle
Garam Masala
300 g Langkornreis
600 ml Fischfond
3 Eier
2 Frühlingszwiebeln
300 g geräucherter Schellfisch
½ Bd. Petersilie
40 g Butter, flüssig
Zitronensaft
Zitronenspalten zum
Garnieren

Zubereitungszeit:
40 Min.

Nährwerte pro Person:
**568 kcal, 2377 kJ,
29 g EW, 22 g F, 64 g KH**

1 Die Zwiebel schälen und hacken. Öl in einem Topf erhitzen und Zwiebel darin anschwitzen. Salzen, pfeffern und mit ca. ½ TL Garam Masala würzen. Reis zugeben, gut umrühren und 1 Minute düns-ten, dabei gut umrühren.

2 Fischfond zum Reis gießen. Aufkochen und das Ganze zugedeckt ca. 20 Minuten nur ganz leicht köcheln lassen, bis der Reis die Flüssigkeit aufge-nommen hat.

3 In der Zwischenzeit die Eier hart kochen, anschlie-ßend in grobe Stücke schneiden. Frühlingszwiebeln putzen, waschen und klein schneiden. Geräucher-ten Schellfisch grob auseinanderzupfen. Petersilie abbrausen, trocken schütteln und sehr fein hacken.

4 Minuten vor Ende der Garzeit Frühlingszwiebeln zum Reis geben. Danach den Fisch zugeben. Den Reis mit Garam Masala abschmecken.

5 Vor dem Servieren flüssige Butter, fein gehackte Petersilie und Eistückchen unterrühren. Bei mäßi-ger Hitze nochmals 1–2 Minuten erhitzen. Mit Zitronensaft abschmecken.

6 Kedgeree auf 4 Tellern anrichten. Mit Zitronen-spalten garnieren und heiß servieren.

TIPP
Kedgeree ist ein beliebtes englisches Gericht, das zu Kolonialzeiten in Indien erfunden wurde. Ursprünglich wurde es besonders als Frühstück gerne gegessen.

Meeresfrüchterisotto

Für 4 Personen:	1 Zwiebel	150 g stückige Tomaten	Zubereitungszeit:
400 g gemischte Meeres-	**1 Knoblauchzehe**	**(Dose)**	**45 Min.**
früchte	**4 EL Olivenöl**	**50 g Parmesan**	
150 g Surimi	**200 g Risottoreis**	**2 Stängel Petersilie**	Nährwerte pro Person:
Saft von 1 Zitrone	**400 ml Fischfond (Glas)**	**2 EL Butter**	**573 kcal, 2410 kJ,**
200 g rohe Garnelen ohne	**4 cl trockener Wermut**	**Salz**	**37 g EW, 25 g F, 47 g KH**
Kopf	**300 ml Gemüsebrühe**	**Pfeffer**	

1 Meeresfrüchte und Surimi waschen, abtropfen lassen und mit Zitronensaft beträufeln. Panzer der Garnelen vorsichtig bis auf die Schwanzenden ablösen. Den schwarzen Darmfaden entfernen. Garnelen abspülen und abtropfen lassen.

2 Zwiebel und Knoblauch abziehen und beides fein würfeln. 2 EL Olivenöl in einem Topf erhitzen. Zwiebel- und Knoblauch darin leicht andünsten. Risottoreis hinzufügen und unter Rühren glasig werden lassen. Mit etwas Fischfond und Wermut ablöschen. Flüssigkeit einkochen lassen.

3 Unter Rühren etwas Fischfond und einen Teil der Gemüsebrühe zufügen. Wenn die Flüssigkeit ein-

gekocht ist, Tomaten, restlichen Fond und Brühe zugeben. Unter häufigem Rühren ca. 10 Minuten ausquellen lassen. Die gemischten Meeresfrüchte und Surimi mundgerecht zerschneiden und unter den Reis mengen. Weitere 10 Minuten garen.

4 Restliches Öl in einer Pfanne erhitzen. Die Garnelen von jeder Seite ca. 2 Minuten braten. Parmesan fein reiben. Petersilie abbrausen, trocken schütteln und Blätter hacken.

5 Butter in kleinen Flocken mit Parmesan und Petersilie unter den Risotto mischen. Mit Salz und Pfeffer abschmecken. Risotto mit den Garnelen auf einer Platte anrichten und heiß servieren.

Spaghettini mit gebratenen Jakobsmuscheln

Für 4 Personen:	3 EL Olivenöl	100 g Kräuter-Crème-	Zubereitungszeit:
200 g Spaghettini	**2 EL Sherryessig**	**fraîche**	**40 Min.**
Salz	**Pfeffer**		
1 Schalotte	**2 EL Butter**		Nährwerte pro Person:
1 Knoblauchzehe	**8 – 12 Jakobsmuscheln**		**436 kcal, 1824 kJ,**
1 kleiner Radicchio	**mit Rogen, ausgelöst**		**19 g EW, 27 g F, 25 g KII**
8 Blätter Lollo rosso	**100 ml Prosecco**		

1 Spaghettini in kochendem Salzwasser bissfest garen. Schalotte und Knoblauchzehe abziehen und fein würfeln. Radicchio und Lollo rosso waschen, trocken tupfen, putzen und in Streifen schneiden.

2 Olivenöl mit Sherryessig, Salz und Pfeffer in einer kleinen Schüssel verrühren. Dann mit dem in Streifen geschnittenen Salat vermengen. Das Ganze auf 4 großen Tellern anrichten. Butter in einer Pfanne erhitzen und die Schalotten- und Knoblauchwürfel hineingeben. Unter häufigem Rühren darin glasig dünsten.

3 Die ausgelösten Jakobsmuscheln in die noch heiße Pfanne geben und rundherum ca. 4 Minuten braten. Mit Salz und Pfeffer würzen und herausnehmen. Den Bratensatz mit Prosecco ablöschen und die Crème fraîche einrühren.

4 Die gar gekochten Spaghettini in ein Sieb gießen und abtropfen lassen. Dann in die Pfanne zur Soße geben. Anschließend darin mit den Jakobsmuscheln locker vermengen. Auf den Salaten anrichten und sofort servieren.

HAUPTGERICHTE
MIT FILET,
KOTELETT & CO.

Baccalà alla Fiorentina *(Abb. S. 67)*

Für 4 Personen:
1500 g getrockneter
Klippfisch
Mehl
400 g reife Tomaten
3 Knoblauchzehen
1 Zwiebel
Olivenöl extra vergine
etwas Rosmarin oder
Salbei
Meersalz
Pfeffer
1 Bd. Petersilie

Zubereitungszeit:
35 Min.
Einweichzeit:
24 Std.
Garzeit:
30 Min.

Nährwerte pro Person:
714 kcal, 2987 kJ,
138 g EW, 13 g F, 9 g KH

1 Getrockneten Klippfisch für mindestens 24 Stunden in viel Wasser einlegen. Das Wasser dabei mehrere Male wechseln.

2 Nach Ende der Einweichzeit den Fisch von der Haut befreien und die Gräten sorgfältig entfernen. Fisch in mundgerechte Stücke schneiden mit wenig Mehl bestäuben.

3 Tomaten oben kreuzweise einritzen. Mit kochend heißem Wasser überbrühen, kurz ziehen lassen und dann häuten. Tomaten halbieren, Kerne entfernen und Fruchtfleisch klein hacken.

4 Knoblauch abziehen, 2 Zehen hacken und 1 ganz lassen. Die Zwiebel schälen und in feine Scheiben schneiden.

5 In einer schweren Pfanne 5 EL Öl erhitzen. Ganze Knoblauchzehe sowie Rosmarinnadeln oder Salbeiblättchen zugeben und darin schwenken. Sobald der Knoblauch Farbe nimmt, die Gewürze aus dem Öl nehmen.

6 Fischstückchen in die Pfanne geben und von allen Seiten goldbraun anbraten. Herausnehmen und auf Küchenpapier entfetten lassen.

7 Zwiebelscheiben und gehackten Knoblauch in wenig Olivenöl andünsten, dabei darauf achten, dass sie keine Farbe nehmen. Gewürfelte Tomaten zugeben, salzen und pfeffern. Ca. 20 Minuten köcheln lassen.

8 Gebratene Fischstückchen in den Tomatensud geben und weitere 10 Minuten auf kleiner Flamme köcheln lassen. Petersilie abbrausen, trocken schütteln und hacken. Vor dem Servieren über den Fisch streuen.

TIPP

Dazu passen geröstetes Weißbrot, Polenta und gekochte Kichererbsen.
Als Klippfisch bezeichnet man gesalzenen und getrockneten Fisch, der meistens aus der Familie der Dorsche stammt.

Lachsspieße auf Linsengemüse

Für 4 Personen:
600 g Lachsfilet
Öl für die Holzspieße
1 TL Garam Masala
4 EL Olivenöl
200 g Linsen
2 rote Zwiebeln
1 Knoblauchzehe
Saft von 1 Limette
Salz, Pfeffer
1 Handvoll Koriander-
blättchen

Zubereitungszeit:
35 Min.
Marinierzeit:
30 Min.

Nährwerte pro Person:
404 kcal, 1690 kJ,
41 g EW, 14 g F, 30 g KH

1 Lachs kalt abspülen, trocken tupfen und in fingerdicke Streifen schneiden. Ziehharmonikaartig auf leicht geölte Holzspieße stecken. Garam Masala mit 2 EL Olivenöl verrühren und den Lachs damit bepinseln. Abgedeckt 30 Minuten kühl stellen.

2 Linsen in einem Topf mit Wasser 25–30 Minuten kochen. Die Zwiebeln schälen und in feine Streifen schneiden. Knoblauch schälen.

3 Linsen abgießen und zurück in den Topf schütten. Mit Zwiebeln, Limettensaft und restlichem Olivenöl verrühren. Knoblauch dazupressen und unterrühren. Mit Salz und Pfeffer würzen und anschließend warm stellen.

4 Eine große beschichtete Pfanne heiß werden lassen. Die Lachsspieße darin von jeder Seite ca. 2 Minuten braten. Mit Salz und mit Pfeffer würzen. Korianderblättchen waschen und trocken tupfen.

5 Linsen auf Teller geben und die Lachsspieße darauf anrichten. Mit Korianderblättchen bestreut servieren.

TIPP

Garam Masala ist eine indische Mischung aus zumeist gemahlenen Gewürzen, darunter Kreuzkümmel, Nelken und Kardamom. Man kann sie in asiatischen Lebensmittelläden kaufen.

Hamburger Pannfisch

Für 4 Personen:
500 ml Fischfond
500 ml Fleischfond
200 g Sahne
80 g mittelscharfer Senf
Salz, Pfeffer

800 g Kartoffeln
4 Zwiebeln
4 EL Öl
1 EL Butter
600 g Kabeljau
2 EL Mehl

Zubereitungszeit:
40 Min.

Nährwerte pro Person:
680 kcal, 2845 kJ,
50 g EW, 35 g F, 40 g KH

1 Fisch- und Fleischfond mit Sahne in einem Topf erhitzen und um die Hälfte reduzieren lassen. Dabei immer wieder umrühren. Senf einrühren und dann mit Salz und Pfeffer abschmecken.

2 In der Zwischenzeit Kartoffeln gar kochen. Danach pellen und nach dem Abkühlen in Scheiben schneiden. Zwiebeln schälen und in Streifen schneiden. Kartoffeln und Zwiebeln in 2 EL heißem Öl mit Butter anbraten.

3 Fisch waschen, trocken tupfen und in ca. 3 × 3 cm große Würfel schneiden. Fisch in Mehl wenden. Dann restliches Öl erhitzen und Fisch darin goldbraun anbraten.

4 Backofengrill vorheizen. Fisch zu den Bratkartoffeln geben und schwenken. Senfsoße darübergeben. Im Ofen unter dem Grill ca. 8 Minuten goldbraun gratinieren lassen.

VARIANTE

Dieses Gericht kann nach Belieben auch mit anderen Fischsorten zubereitet werden. Verwenden Sie neben Kabeljau auch mal Rotbarsch und grüne Heringsfilets.

Seeteufel gefüllt mit Salbei auf Linsengemüse

Für 4 Personen:
2 Seeteufelfilets (à ca. 400 g)
1 Handvoll Salbei
2 Knoblauchzehen
4 EL Olivenöl
Salz
Pfeffer aus der Mühle

200 ml Fischfond
2 cl Noilly Prat
100 g Puylinsen
100 g rote Linsen
2 rote Paprikaschoten
Sojasoße

Zubereitungszeit:
25 Min.
Garzeit:
25 Min.

Nährwerte pro Person:
422 kcal, 1766 kJ,
43 g EW, 15 g F, 27 g KH

1 Seeteufelfilets waschen und trocken tupfen. Salbeiblätter abzupfen. Mit der Hälfte 1 Seeteufelfilet auf der Längsseite belegen und das zweite Filet darauflegen. Mit Küchengarn binden.

2 Knoblauch schälen und fein würfeln. 2 EL Öl in einer ausreichend großenPfanne erhitzen. Knoblauch darin anschwitzen. Seeteufel rundum mit Salz und Pfeffer würzen und im Öl kurz von allen Seiten anbraten.

3 Seeteufel mit Fischfond und Noilly Prat ablöschen. Das Ganze zugedeckt bei milder Hitze 15–20 Minuten gar schmoren lassen.

4 In der Zwischenzeit beide Linsensorten waschen. Paprikaschoten waschen, halbieren, putzen und

klein würfeln. Im restlichen Öl anschwitzen und die Puylinsen zufügen. Mit Wasser bedecken und ca. 10 Minuten köcheln lassen.

5 Die roten Linsen zu den Puylinsen geben und untermengen. Weitere 10–15 Minuten gar köcheln lassen. Nach Bedarf noch Wasser zufügen. Nach Garzeitende mit Sojasoße, Salz und Pfeffer abschmecken.

6 Die restlichen Salbeiblätter hacken und zum Schluss unter die Linsen mengen. Auf 4 Teller geben. Seeteufel aus dem Sud heben, in 4 Stücke schneiden und auf den Linsen angerichtet servieren.

TIPP
Noilly Prat ist ein trockener franzöischer Wermut.

Kräuterseelachs in Pergament

Für 4 Personen:
je 1 rote, gelbe und
orange Paprikaschote
2 rote Zwiebeln
7 EL Olivenöl
Salz
Pfeffer aus der Mühle
1 Bd. glatte Petersilie
1 Bd. Basilikum
1 Knoblauchzehe
50 g gehackte Mandeln
4 Seelachsfilets (à ca.
125 g)

Zubereitungszeit:
30 Min.
Garzeit:
20 Min.

Nährwerte pro Person:
359 kcal, 1502 kJ,
27 g EW, 25 g F, 5 g KH

1 Backofen auf 180 Grad vorheizen. Paprikaschoten putzen, waschen und in Streifen schneiden. Zwiebeln schälen und in Spalten schneiden. 2 EL Olivenöl in einer Pfanne erhitzen und Zwiebelspalten darin andünsten.

2 Paprikastreifen zu den Zwiebeln geben. Das Ganze weitere 3 Minuten dünsten. Anschließend mit Salz und frisch gemahlenem Pfeffer würzen.

3 Petersilie und Basilikum abbrausen, trocken schütteln und Blättchen abzupfen. Knoblauch abziehen und fein hacken. Mandeln in einer Pfanne goldbraun rösten. Mandeln, Knoblauch und Kräuter mit restlichem Olivenöl pürieren. Mit Salz und mit Pfeffer abschmecken.

4 Seelachsfilets waschen, trocken tupfen und Kräuterpaste daraufstreichen. Das Gemüse auf 4 große Pergamentpapierstücke verteilen und den Fisch obenauf setzen.

5 Pergamentstücke gut verschließen. Päckchen auf ein Backblech setzen und im heißen Ofen ca. 15 Minuten garen. Den Fisch heiß servieren.

BEILAGE
Zu diesem Fischgericht schmecken kleine Röstkartoffeln.

Gegrilltes Störfilet in Pfefferkruste

Für 4 Personen:
1 Zitrone (unbehandelt)
180 g Zuckerschoten
Salz
2 Mangos
2 – 3 rote Pfefferschoten
100 g Schalotten
2 EL schwarze Pfeffer-
körner
4 dicke Störfilets (à ca.
200 g)
etwas Eiweiß
1 ½ EL thailändische
Fischsoße (ersatzweise
Sojasoße)
1 EL Zucker
40 g Cashewkerne
4 EL Zitronenöl (ersatz-
weise Olivenöl)

Zubereitungszeit:
40 Min.

Nährwerte pro Person:
467 kcal, 1954 kJ,
42 g EW, 15 g F, 32 g KH

1 Für den Fisch die Zitrone heiß waschen und trocken reiben. Die Schale mit einem Sparschälers dünn ablösen, den Saft der Zitrone auspressen.

2 Für den Mangosalat die Zuckerschoten putzen und kurz in kochendem Salzwasser blanchieren. Dann in Eiswürfel abschrecken und in einem Sieb abtropfen lassen. Mangos schälen, entkernen und Fruchtfleisch in Würfel schneiden. Die Pfefferschoten fein würfeln, dabei entkernen. Schalotten abziehen und ebenfalls fein würfeln.

3 Pfefferkörner grob zerstoßen. Fischfilets kalt abbrausen, trocken tupfen und salzen. Anschließend beidseitig mit wenig Eiweiß bestreichen und in den Pfeffer drücken.

4 Für das Dressing 4 EL Zitronensaft mit Fischsoße und Zucker verrühren. Das Ganze mit den vorbereiteten Salatzutaten vermengen. Die Cashewkerne in einer Pfanne ohne Fett rösten und über den Salat geben. Salat auf Tellern anrichten.

5 Das Zitronen- oder Olivenöl mit der Zitronenschale erhitzen. Das Ganze kurz ziehen lassen, dann durch ein Sieb passieren.

6 Fischfilets auf den heißen Grill legen und von jeder Seite bei großer Hitze 2 – 3 Minuten scharf grillen. Vom Grill nehmen und kurz ruhen lassen. Danach in dicke Scheiben schneiden, auf den Salat setzen und mit dem noch warmen Zitronenöl begießen. Heiß servieren.

Karpfenfilet in Bierteig mit Kartoffelsalat

Für 4 Personen:
Für den Kartoffelsalat:
1 kg festkochende Kartoffeln
200 ml Gemüsebrühe
50 ml Weißweinessig
Salz
Pfeffer aus der Mühle
2 TL mittelscharfer Senf
1 rote Zwiebel

4 EL kalt gepresstes Olivenöl
Für den Fisch:
4 Karpfenfilets (à ca. 150 g)
2 TL Zitronensaft
Salz
Pfeffer aus der Mühle
2 Eier
100 g Mehl

½ TL Paprikapulver edelsüß
250 ml Weißbier
Pflanzenöl zum Braten
Petersilie zum Garnieren, frisch gehackt
Zitronenspalten zum Servieren

Zubereitungszeit:
40 Min.
Garzeit:
40 Min.
Ziehzeit:
2 Std.

Nährwerte pro Person:
656 kcal, 2745 kJ,
39g EW, 26 g F, 59 g KH

1 Für den Kartoffelsalat die Kartoffeln waschen und, je nach Größe, in 30–40 Minuten gar dämpfen. Anschließend noch heiß schälen und etwas abkühlen lassen.

2 Gemüsebrühe erhitzen. Die Kartoffeln in Scheiben schneiden und in eine ausreichend große Schüssel geben. Mit Gemüsebrühe und Essig übergießen und mit Salz, Pfeffer sowie Senf vorsichtig vermengen. 2 Stunden im Kühlschrank ziehen lassen.

3 Nach 2 Stunden Karpfenfilets waschen und trocken tupfen. Mit Zitronensaft beträufeln und 5 Minuten ziehen lassen. Anschließend trocken tupfen und mit Salz und frisch gemahlenem Pfeffer würzen.

4 Eier trennen und Eiweiß steif schlagen. Eigelb mit dem Mehl, Paprikapulver und Weißbier zu einem

glatten Teig verrühren, zuletzt den steifen Eischnee unterheben.

5 Für den Salat die Zwiebel schälen und fein hacken. Danach die Zwiebel mit dem Olivenöl vorsichtig unter den Kartoffelsalat heben. Nochmals mit Gewürzen abschmecken.

6 Reichlich Pflanzenöl in einer schweren Pfanne erhitzen. Die Fischfilets durch den Teig ziehen und im heißen Öl von beiden Seiten in 5 - 6 Minuten goldbraun braten.

7 Die Karpfenfilets in Bierteig mit Kartoffelsalat auf 4 Tellern anrichten. Mit frisch gehackter Petersilie bestreuen und mit Zitronenspalten garnieren. Dann rasch heiß servieren.

Pilz-Fisch-Pfanne gebacken

Für 4 Personen:
600 g Fischfilet (z. B.
Zander, Lengfisch,
Kabeljau)
Salz
Pfeffer
Fett für die Form
400 g kleine Champig-
nons
3 Frühlingszwiebeln
2 EL Pflanzencreme
250 ml Cremefine zum
Kochen
1 EL Paniermehl

Zubereitungszeit:
30 Min.
Backzeit:
20 Min.

Nährwerte pro Person:
309 kcal, 1293 kJ,
32 g EW, 17 g F, 7 g KH

1 Fischfilet waschen, trocken tupfen und rundum mit Salz sowie Pfeffer würzen. Fisch in eine ca. 30 × 20 cm große gefettete Auflaufform legen.

2 Champignons und Frühlingszwiebeln putzen. Pilze wenn möglich trocken abreiben und Frühlingszwiebeln waschen. Frühlingszwiebeln in ca. 3 cm breite Ringe schneiden.

3 Den Backofen auf 180 Grad vorheizen. Pflanzencreme in einer Pfanne erhitzen. Pilze dazugeben und ca. 15 Minuten bei mittlerer Hitze schmoren. Nach ca. 10 Minuten Frühlingszwiebeln zugeben.

4 Cremefine in die Pilzpfanne gießen. Einmal aufkochen und mit Salz und Pfeffer abschmecken. Die

Pilzcreme über dem Fisch verteilen und das Ganze mit Paniermehl besträuben.

5 Auflaufform in den heißen Ofen schieben. Auf der mittleren Schiene ca. 20 Minuten goldgelb backen. Anschließend kurz ausdampfen lassen und heiß servieren.

BEILAGE
Zu dieser leckeren Pilz-Fisch-Pfanne aus dem Ofen passt Kartoffelpüree.

Kartoffelpuffer mit Matjessalat

Für 4 Personen:
Für die Kartoffelpuffer:
500 g Kartoffeln
1 Apfel
1 Zwiebel
1 Stange Lauch
1 Ei
1 TL Weizenmehl (Type 405)
Salz
Pfeffer
Muskatnuss
2 EL Olivenöl
Für den Schnittlauchdip:
200 g saure Sahne
200 g Frischkäse natur (z. B. von Alnatura)
1 – 2 EL Milch
1 Knoblauchzehe
1 TL Senf
Salz
Pfeffer
Cayennepfeffer
1 Bd. Schnittlauch
einige Tropfen Zitronen-saft
Für den Matjessalat:
4 frische Matjesfilets
1 kleine Zwiebel
1 großer Apfel

Zubereitungszeit:
45 Min.
Garzeit:
1 Std.

Nährwerte pro Person:
623 kcal, 2607 kJ,
30 g EW, 42 g F, 31 g KH

1 Für die Kartoffelpuffer Kartoffeln schälen und wa-schen. Dann auf einer Küchenreibe in feine Raspel hobeln. Den Apfel ebenfalls schälen, dann entkernen und raspeln. Zwiebel schälen und fein hacken. Lauch putzen, mit kaltem Wasser gründlich waschen und in dünne Ringe schneiden.

2 Kartoffeln, Apfel, Zwiebel und Lauch in eine Schüs-sel geben und vermengen. Ei, Mehl und Gewürze zufügen und alles gut verrühren.

3 Für den Schnittlauchdip saure Sahne mit Frischkäse und Milch glatt rühren. Knoblauch abziehen, fein hacken und mit dem Senf unter die Creme geben. Mit Salz, Pfeffer und Cayennepfeffer abschmecken.

4 Schnittlauch abbrausen, trocken schütteln und in feine Röllchen schneiden. Zusammen mit einigen

Tropfen Zitronensaft unter die Creme rühren. An-schließend nochmals abschmecken.

5 Für den Matjessalat Matjesfilets in 2 cm breite Stücke schneiden. Zwiebel abziehen und in Streifen schnei-den. Den Apfel waschen, entkernen, das Frucht-fleisch vierteln und danach in Scheiben schneiden. Matjes, Zwiebel und Apfel vermengen.

6 Für die Kartoffelpuffer Olivenöl in einer beschich-teten Pfanne erhitzen. Den Teig in ca. 12 Portionen à 1 großen EL teilen. Dann portionsweise in die Pfanne geben, etwas flach drücken und von beiden Seiten knusprig braten.

7 Jeweils 3 Kartoffelpuffer mit Matjessalat und Schnitt-lauchdip auf einem Teller anrichten. Mit Schnitt-lauch garnieren und servieren.

Seelachspfanne mit Artischocken

Für 4 Personen:	2 Tomaten	100 ml Fischfond	Zubereitungszeit:
700 g Seelachsfilet	**80 g getrocknete Tomaten**	**Salz**	**20 Min.**
240 g Artischockenherzen	**in Öl (Glas)**	**Cayennepfeffer**	
(Glas)	**½ Bd. Petersilie**	**Balsamico-Essig**	Nährwerte pro Person:
100 g entsteinte Oliven	**2 EL Olivenöl**		**272 kcal, 1138 kJ,**
(Glas)	**5 Salbeiblättchen**		**35 g EW, 12 g F, 5 g KH**

1 Seelachsfilet mit kaltem Wasser waschen, mit Küchenpapier trocken tupfen und in mundgerechte Stücke schneiden. Artischockenherzen und Oliven abgießen und gut abtropfen lassen.

2 Tomaten waschen, Stielansätze entfernen und würfeln. Getrocknete Tomaten ebenfalls würfeln. Petersilie waschen, trocken schütteln und grob hacken.

3 Olivenöl mit Salbeiblättchen in einer Pfanne erhitzen. Fisch hineingeben, kurz anbraten. Artischocken zugeben und ebenfalls kurz mit anbraten. Danach den Fischfond zugießen und das Ganze bei milder Hitze zugedeckt ca. 5 Minuten dünsten.

4 Frische sowie getrocknete Tomaten, Oliven und Petersilie zum Fisch geben und ca. 5 Minuten zusammen gar dünsten. Mit Salz, Cayennepfeffer sowie mit etwas Balsamico-Essig abschmecken.

BEILAGE
Servieren Sie zu dieser feinen Fischpfanne eine Wildreis-Mischung. Außerdem passt ein leichter trockener Weißwein.

Gedämpfter Saibling mit Limettenbutter

Für 4 Personen:
8 Saiblingsfilets
(à ca. 120 g)
Salz, weißer Pfeffer
1 EL Zitronensaft
4 EL Wermut
1 kleine Stange Lauch
2 kleine Möhren
80 g Knollensellerie
125 ml trockener Weißwein
50 g Butter
1 Limette
1 EL Petersilie, frisch gehackt
Worcestersoße

Zubereitungszeit:
40 Min.

Nährwerte pro Person:
406 kcal, 1699 kJ,
48 g EW, 16 g F, 7 g KH

1 Saiblingsfilets mit Salz und weißem Pfeffer würzen. Auf einen Teller legen und mit Zitronensaft und Wermut gleichmäßig beträufeln. Den Lauch putzen, längs halbieren, gut waschen und in dünne Streifen schneiden. Möhren und Sellerie schälen, putzen, waschen und in feine Stifte schneiden.

2 In einem Topf mit Dämpfeinsatz den Weißwein mit so viel Wasser aufkochen, dass der Dämpfeinsatz nicht mit dem Sud in Berührung kommt.

3 Dämpfeinsatz mit wenig Butter bestreichen und die Fischfilets hineinlegen. Gemüse darauf verteilen. Das Ganze zugedeckt bei mittlerer Hitze ca. 10 Minuten dämpfen.

4 Limette so schälen, dass die weiße Haut mitentfernt wird. Fruchtfilets mit einem scharfen Messer herauslösen. Restliche Butter in einer Pfanne erhitzen, Limettenfilets und Petersilie kurz darin schwenken. Mit Pfeffer und Worcestersoße würzen.

Saiblingsfilets mit dem Gemüse auf Tellern anrichten und mit Limettenbutter beträufeln. Dann heiß servieren.

VARIANTE
Für eine asiatische Note sorgen etwas frische Ingwerwurzel, geschält und in Scheiben geschnitten, und Zitronengras, wobei beide Zutaten einfach mit in den Dämpfeinsatz gelegt werden.

Lachsforellenfilets vom Grill

Für 4 Personen:
1 TL Chilipulver
2 TL brauner Zucker
1 TL Kümmelpulver
1 TL getrockneter
Thymian
1 TL Salz
2 TL Olivenöl
4 Lachsforellenfilets
(à ca. 200 g)
frischer Thymian zum
Garnieren

Zubereitungszeit:
15 Min.
Marinierzeit:
15 Min.

Nährwerte pro Person:
447 kcal, 1866 kJ,
40 g EW, 31 g F, 2 g KH

1 Chilipulver, braunen Zucker, Kümmelpulver, getrockneten Thymian und Salz mit Olivenöl in einer Schüssel gut vermischen. Backofengrill oder Holzkohlengrill vorheizen.

2 Fischfilets kalt abspülen, trocken tupfen und jeweils auf beiden Seiten mit der Öl-Kräuter-Mischung bestreichen. Abdecken und ca. 15 Minuten ziehen lassen.

3 Die Forellenfilets auf einem Blech unter den heißen Backofengrill schieben bzw. auf den Grill legen. Von beiden Seiten ca. 4 Minuten grillen, bis die Forellen leicht zerfallen. Auf Tellern anrichten und mit frischem Thymian garnieren.

TIPP
Zum Grillen eignen sich alle festfleischigen Fischfilets, z. B. Schwertfisch oder Thunfisch, aber auch ganze Fische bis zu einem Gewicht von ca. 350 g.

Zander mit Senf-Bier-Soße und Sauerkraut

Für 4 Personen:
**Für das Trauben-Sauer-
kraut:**
**400 g Sauerkraut (frisch
oder Dose)**
1 Zwiebel
4 TL Öl
1 Lorbeerblatt
1 – 2 Nelken
Salz
**150 g kernlose blaue
Weintrauben**
Für den Zander:
1 kleine Zwiebel
1 EL Butter
150 ml Fischfond (Glas)
100 ml dunkles Bier
**2 gestr. EL heller Soßen-
binder (z. B. von Monda-
min)**
2 EL Dijonsenf
Salz
Pfeffer
1 Prise Zucker
**500 g Zanderfilet mit
Haut**
2 TL Öl

Zubereitungszeit:
30 Min.
Backzeit:
20 Min.

Nährwerte pro Person:
**251 kcal, 1050 kJ,
30 g EW, 10 g F, 9 g KH**

1 Frisches Sauerkraut kalt waschen und fein hobeln; Sauerkraut aus der Dose abtropfen lassen. Zwiebel schälen und würfeln. 2 TL Öl in einem ausreichend großen Topf erhitzen und die Zwiebel darin glasig dünsten. Lorbeer und Nelken zugeben.

2 Sauerkraut in den Topf geben und zugedeckt ca. 15 Minuten dünsten; bei Bedarf ein wenig Wasser zugeben. Sauerkraut mit etwas Salz abschmecken.

3 Kurz vor dem Servieren Weintrauben abbrausen, von den Stielen zupfen und halbieren. Restliches Öl in einer kleinen Pfanne erhitzen, Weintrauben kurz darin schwenken.

4 Für den Zander die Zwiebel schälen und würfeln. Butter in einem kleinen Topf erhitzen und Zwiebel darin glasig dünsten. Fischfond und Bier angießen und aufkochen. Soßenbinder einrühren und das Ganze 1 Minute kochen lassen. Den Dijonsenf einrühren und die Senf-Bier-Soße mit Salz, Pfeffer und Zucker abschmecken.

5 Zanderfilet in Portionsstücke schneiden. Öl in einer Pfanne erhitzen. Zander darin zuerst auf der Hautseite 2 – 3 Minuten braten, dann wenden und weitere 1 – 2 Minuten braten. Mit Salz und Pfeffer würzen.

6 Das Sauerkraut in kleine Förmchen oder Tassen geben, etwas zusammendrücken und auf 4 Teller stürzen. Weintrauben daraufgeben. Zander mit Senf-Bier-Soße auf den Tellern anrichten und heiß servieren.

Saibling mit Gemüsechips

Für 4 Personen:
6 Kartoffeln
2 Pastinaken
4 Knoblauchzehen
2 Möhren
1 l Öl zum Frittieren

8 Saiblingfilets mit Haut
Salz
Pfeffer aus der Mühle
2 Zitronen
2 Stängel Petersilie
1 Bd. Frühlingszwiebeln

Zubereitungszeit:
30 Min.

Nährwerte pro Person:
394 kcal, 1649 kJ,
34 g EW, 16 g F, 28 g KH

1 Die Kartoffeln mit Schale in hauchdünne Scheiben schneiden. Pastinaken schälen und in dünne Scheiben, Knoblauch schälen und in feine, Möhren schälen und in dickere Scheiben schneiden.

2 Öl in einem großen Topf stark erhitzen. Gemüse in kleinen Portionen knusprig frittieren und auf Küchenpapier abtropfen lassen.

3 Fischfilets waschen, trocken tupfen, salzen und pfeffern. Zitronen auspressen und den Saft mit 200 ml Wasser mischen. Zitronenwasser mit der Petersilie kurz aufkochen. Vom Herd ziehen und den Fisch darin 5 Minuten gar ziehen lassen. Herausheben und abtropfen lassen.

4 Petersilie kalt abbrausen, trocken schütteln und die Blättchen hacken. Die Frühlingszwiebeln putzen, waschen und in Ringe schneiden. Gemüsechips salzen, mit den Frühlingszwiebelringen auf 4 Tellern anrichten und mit Petersilie bestreuen. Mit den Fischfilets servieren.

Schwertfischsteak mit Kräuterbutter und Limetten

Für 4 Personen:
4 Schwertfischsteaks (à ca. 220 g)
3 Limetten (unbehandelt)
3 EL Olivenöl
1 Chilischote
3 Bd. Frühlingszwiebeln
100 g Kräuterbutter (z. B. von Meggle)
Salz

Zubereitungszeit:
25 Min.
Marinierzeit:
30 Min.

Nährwerte pro Person:
**473 kcal, 1979 kJ,
45 g EW, 29 g F, 8 g KH**

1 Schwertfischsteaks mit Küchenpapier trocken tupfen. Die Limetten heiß waschen und trocken reiben. Schale von ½ Limette abreiben und den Saft der ganzen Limette auspressen. Beides mit Olivenöl verrühren.

2 Chilischote der Länge nach halbieren und Kerne mit einem spitzen Messer entfernen. Chili fein hacken und mit der Marinade vermengen.

3 Schwertfischsteaks in eine flache Schüssel geben. Mit der Marinade begießen und 30 Minuten ziehen lassen. Steaks abdecken, aber nicht kühl stellen, damit der Schwertfisch Raumtemperatur annehmen kann.

4 In der Zwischenzeit Frühlingszwiebeln putzen und waschen. Die dunkelgrünen Teile in dünne Ringe schneiden und die hellen Teile zum Grillen beiseitelegen. Dabei die dickeren Zwiebeln der Länge nach halbieren.

5 Etwas Kräuterbutter in einem kleinen Metallschüsselchen auf dem Grill zerlassen. Schwertfischsteaks aus der Marinade nehmen und trocken tupfen.

Fisch mit den hellen Frühlingszwiebelstücken auf den Grill legen.

6 Nach 5–6 Minuten Fisch und Frühlingszwiebeln mit etwas flüssiger Kräuterbutter bestreichen. Beides wenden. Erneut mit Kräuterbutter bestreichen und in 5–6 Minuten fertig grillen. Die übrigen Limetten in Scheiben schneiden.

7 Fisch sowie Gemüse salzen und auf Tellern anrichten. Die restliche Kräuterbutter in Scheiben schneiden und auf den Fisch legen. Schwertfischsteaks mit Zwiebelgrün bestreuen und mit Limettenscheiben servieren.

TIPP

Verwenden Sie zum Einpinseln des Grillgutes einen Pinsel mit möglichst langem Stiel, da er nah an die Gluthitze kommt. Natur- und Silikonborsten sind unempfindlich und schmelzen auch bei großer Hitze nicht.

Thunfischsteak auf Linsengemüse

Für 4 Personen:
250 g kleine Puylinsen
1 rote Zwiebel
1 Zweig Rosmarin
2 Zweige Thymian
2 Stängel Oregano
1 Knoblauchzehe
3 EL Pflanzencreme
100 g Cremefine zum
Verfeinern
Salz
Pfeffer aus der Mühle
4 Thunfischsteaks (á ca.
150 g)
Saft von ½ Zitrone

Zubereitungszeit:
45 Min.

Nährwerte pro Person:
632 kcal, 2644 kJ,
49 g EW, 33 g F, 34 g KH

Linsen nach Packungsanweisung bissfest kochen. Die Zwiebel schälen und in feine Ringe schneiden. Rosmarin, Thymian und Oregano kalt abbrausen, trocken tupfen und die Blättchen fein hacken. Den Knoblauch schälen und fein würfeln.

1 EL Pflanzencreme in einer Pfanne erhitzen. Die Linsen, Zwiebel, Knoblauch und Kräuter darin ca. 5 Minuten bei mittlerer Hitze braten. Cremefine unterrühren und das Ganze mit Salz und Pfeffer abschmecken. Warm halten.

Thunfisch kalt waschen, trocken tupfen und mit Zitronensaft beträufeln. Übrige Pflanzencreme in einer Pfanne erhitzen. Thunfischsteaks darin je nach Dicke von beiden Seiten 2–3 Minuten braten. Der Fisch sollte innen noch leicht rosa sein.

Thunfischsteaks mit Salz und Pfeffer würzen. Das Linsengemüse mit dem Fisch auf 4 Tellern anrichten und dann noch heiß servieren.

BEILAGE
Zu diesem Gericht passt ein knackiger grüner Salat.

Rotzungenröllchen mit Zucchinigemüse und provenzalischem Senf

Für 4 Personen:

Für den provenzalischen Senf:
2 Schalotten
1 Knoblauchzehe
1 rote Paprikaschote
15 g Margarine (z. B. von Rama)
1 EL Tomatenmark
½ Bd. Estragon
1 EL Dijonsenf
Salz
Pfeffer aus der Mühle

Für die Rotzungenfiletröllchen:
4 Rotzungenfilets (à ca. 175 g)
Salz
25 ml Wermut
50 ml Gemüsebrühe

Für das Gemüse:
600 g grüne und gelbe Zucchini
1 Schalotte
1 Knoblauchzehe
20 g Margarine
Salz
Pfeffer aus der Mühle

Zubereitungszeit:
1 Std.

Nährwerte pro Person:
236 kcal, 987 kJ,
31 g EW 9 g F ,7 g KH

1 Backofen auf 200 Grad vorheizen. Für den provenzalischen Senf Schalotten und Knoblauch schälen und fein würfeln. Paprikaschote putzen, waschen und sehr fein würfeln.

2 Margarine in einem Topf erhitzen und Schalotten, Knoblauch und Paprika darin anschwitzen. Tomatenmark dazugeben und unter Rühren mitdünsten, bis das Gemüse weich ist. Vom Herd nehmen und abkühlen lassen.

3 Estragon abbrausen, trocken schütteln und Blättchen von den Zweigen zupfen. Estragon fein schneiden und zusammen mit dem Senf unter das gedünstete Gemüse rühren. Das Ganze mit Salz und mit Pfeffer abschmecken.

4 Die Rotzungenfilets waschen, trocken tupfen und von beiden Seiten salzen. Die Filets mit der Hautseite nach oben ausbreiten und mit der Senfmasse bestreichen. Mit der Senfseite nach innen aufrollen und mit einem Zahnstocher befestigen.

5 Die Fischröllchen in eine Auflaufform setzen. Wermut und Gemüsebrühe angießen. In den vorgeheizten Backofen auf die mittlere Schiene stellen und ca. 30 Minuten garen.

6 In der Zwischenzeit die Zucchini waschen, vierteln und in feine Scheiben schneiden. Schalotte und Knoblauch schälen, Schalotte in Streifen schneiden, Knoblauch fein hacken.

7 Margarine erhitzen und Zucchini, Schalotte sowie Knoblauch darin bissfest dünsten. Mit Salz und Pfeffer abschmecken. Das Zucchinigemüse auf 4 Tellern anrichten und die Rotzungenröllchen daraufsetzen.

Zander mit Rosmarin und Möhren

Für 4 Personen:
40 g Butter
4 Zanderfilets (à 140 g)
Salz
Pfeffer
4 Zweige Rosmarin
1 Bd. Frühlingszwiebeln
400 g Möhren

Zubereitungszeit:
45 Min.

Nährwerte pro Person:
228 kcal, 954 kJ,
28 g EW, 10 g F, 6 g KH

1 Den Backofen auf 100 Grad vorheizen. Die Hälfte der Butter schmelzen. Die Zanderfilets von Gräten befreien, dann salzen und pfeffern. Mit flüssiger Butter bepinseln.

2 Von 3 Rosmarinzweigen die Nadeln abstreifen und diese hacken. Über die Haut des Zanders streuen und diesen mit der Haut nach oben in eine Auflaufform oder auf ein Blech legen. Das Ganze für 25 Minuten in den Ofen schieben.

3 Übrigen Rosmarin vierteln. Für die Garnitur beiseitelegen. Frühlingszwiebeln putzen und waschen. Dann den weißen Teil in dünne Ringe schneiden; der grüne Teil wird nicht benötigt.

4 Möhren waschen, putzen, schälen und in dünne Scheiben schneiden. Möhrenscheiben in einer Pfanne in der restlichen Butter anbraten. Die in Ringe geschnittenen Frühlingszwiebeln dazugeben und das Ganze mit Salz und Pfeffer würzen.

5 50 ml Wasser in die Pfanne angießen. Möhren so lange köcheln lassen, bis das Wasser verdampft ist, anschließend vom Herd nehmen.

6 Die fertig gegarten Zanderfilets aus dem Backofen nehmen und auf 4 Teller verteilen. Die Möhren mit dem übrigen Rosmarin um die Fischfilets herum anrichten. Den sanft gegarten Zander sofort heiß servieren.

Schollenfilet-röllchen mit Meerrettichsoße

Für 4 Personen:
1 kg mehligkochende Kartoffeln
Salz
4 Stängel Dill
5 Stängel Petersilie
1 Zitrone (unbehandelt)
45 g weiche Butter
12 Schollenfilets
Pfeffer
1 Zwiebel
100 ml trockener Weißwein
200 ml Gemüsebrühe
30 g Mehl
2 TL Sahnemeerrettich
250 ml Alpro soya Cuisine
250 ml Milch
Muskatnuss, frisch gerieben
100 g Nordseekrabbenfleisch

Zubereitungszeit:
40 Min.

Nährwerte pro Person:
610 kcal, 2552 kJ,
45 g EW, 27 g F, 40 g KH

1 Kartoffeln schälen, waschen und in Stücke schneiden. In reichlich Salzwasser in ca. 25 Minuten weich kochen.

2 Dill sowie Petersilie waschen und trocken tupfen. 1 Stängel Dill beiseitelegen. Blättchen der übrigen Kräuter fein hacken. Zitrone heiß waschen, trocken reiben und Schale dünn abreiben. Kräuter, Zitronenschale, 10 g Butter und etwas Salz vermengen.

3 Die Schollenfilets waschen, trocken tupfen und von beiden Seiten mit Salz sowie mit Pfeffer würzen. Mit der Hautseite nach oben auf ein Brett legen. Kräuterbutter auf die Filets streichen und einrollen. Jeweils mit einem Holzspießchen feststecken.

4 Zwiebel schälen und in feine Würfel schneiden. 5 g Butter in einem Topf schmelzen und Zwiebelwürfel darin andünsten. 50 ml Weißwein und 50 ml Brühe angießen.

5 Schollenfiletröllchen in den Topf setzen und zugedeckt bei schwacher Hitze ca. 8 Minuten gar ziehen lassen.

6 Übrige Butter in einem kleinen Topf erhitzen. Mehl durch ein Sieb einstäuben und anschwitzen. Übrigen Weißwein und übrige Brühe, Meerrettich und Alpro soya Cuisine unter ständigem Rühren zugeben. Das Ganze kurz aufkochen lassen.

7 Milch in einem weiteren Topf aufkochen. Kartoffeln abgießen, stampfen und die Milch einrühren. Kartoffelpüree mit Salz, Pfeffer und etwas frisch geriebener Muskatnuss abschmecken.

8 Schollenfiletröllchen aus dem Topf nehmen und warm halten. Fischsud und Krabben in die Meerrettichsoße geben und nochmals aufkochen. Dann Fisch mit Püree sowie Soße anrichten und heiß servieren.

Tomaten-Fisch-Auflauf mit Kartoffel-Erbsen-Püree

Für 4 Personen:
600 g frisches Seehecht-
filet (alternativ: TK-Hoki-
filet)
500 g Cocktailtomaten
oder kleine Tomaten
1 Bd. Frühlingszwiebeln
1 Zitrone
Salz
Pfeffer
150 g geriebener Käse
zum Überbacken (z. B.
Gouda)
600 g Kartoffeln
300 g TK-Erbsen
150 ml Milch
20 g Butter
Muskatnuss, frisch ge-
rieben

Zubereitungszeit:
30 Min.
Backzeit:
25 Min.

Nährwerte pro Person:
554 kcal, 2318 kJ,
47 g EW, 21 g F, 42 g KH

1 Fischfilet waschen, trocken tupfen und in 4 Portions-stücke schneiden. Wird tiefgefrorenes Hokifilet verwendet, dieses vorher über Nacht im Kühlschrank auftauen lassen.

2 Backofen auf 200 Grad vorheizen. Tomaten waschen, halbieren und die Stielansätze keilförmig herausschneiden. Die Tomaten in Scheiben schneiden. Die Frühlingszwiebeln putzen, waschen und in Streifen schneiden.

3 Zitrone halbieren und auspressen. Fischfiletstücke in eine Auflaufform geben. Mit dem Zitronensaft beträufeln und mit Salz sowie mit Pfeffer würzen. Tomaten, Frühlingszwiebeln und geriebenen Käse darüber verteilen.

4 Kartoffeln waschen und schälen. Fischfilet in den heißen Backofen schieben und auf der mittleren Schiene ca. 25 Minuten backen. Inzwischen Kartoffeln in leicht gesalzenem Wasser ca. 15 Minuten kochen. Erbsen zufügen und 5 Minuten weitergaren. Danach abgießen.

5 Milch und Butter erhitzen. Abgetropfte Kartoffeln und Erbsen zerstampfen. Die heiße Milch zufügen und unterrühren. Das Kartoffel-Erbsen-Püree mit Salz, Pfeffer und mit frisch geriebener Muskatnuss abschmecken.

6 Tomaten-Fisch-Auflauf aus dem Ofen nehmen und kurz ausdampfen lassen. Dann noch heiß mit dem Püree servieren.

Fischfrikadellen

Für 4 Personen:	1 Ei	Zubereitungszeit:
80 g Paniermehl	Salz	35 Min.
650 g Seelachs- oder	weißer Pfeffer	
Rotbarschfilet	Schale und Saft von	Nährwerte pro Person:
1 kleine Zwiebel	½ Zitrone (unbehandelt)	320 kcal, 1339 kJ,
½ TL getrockneter	3 EL Öl	35 g EW, 12 g F, 18 g KH
Majoran		

Paniermehl und 100 ml Wasser in einer Schüssel vermengen und ca. 5 Minuten quellen lassen. Fischfilet waschen, trocken tupfen und klein schneiden, anschließend portionsweise in der Küchenmaschine zerkleinern.

Zwiebel schälen und fein hacken. Majoran, Paniermehl und Zwiebel mit dem Ei unter das Fischpüree mengen. Mit Salz, Pfeffer, Zitronenschale und -saft abschmecken.

Mit feuchten Händen aus der Masse kleine Frikadellen formen. Öl in einer Pfanne erhitzen und die Frikadellen darin bei mittlerer Hitze auf jeder Seite ca. 5 Minuten braten. Herausnehmen, auf Küchenpapier kurz enfetten lassen und servieren.

VARIANTE

Ebenfalls eine runde Sache: Thunfischfrikadellen. Dazu 1 rote Paprika waschen, putzen und fein würfeln. 1 Zwiebel schälen und fein hacken. 2 Dosen Thunfischfilets (im eigenen Saft, à 185 g) abtropfen lassen und mit einer Gabel grob zerpflücken. 200 g Magerquark in einem Sieb abtropfen lassen. Thunfisch mit Paprika, Zwiebel und Quark vermischen. Mit Salz, Pfeffer und Paprikapulver würzen. 3 EL Öl in einer Pfanne erhitzen. 4 Frikadellen aus der Thunfischmischung formen und im heißen Öl von beiden Seiten goldbraun braten.

Welsfilets mit Kressesoße

Für 4 Personen:	Salz	Zubereitungszeit:
1 Schalotte	Pfeffer aus der Mühle	30 Min.
50 g Butter	½ Kästchen Kresse	
125 ml trockener Weiß-	4 Welsfilets (à ca. 160 g)	Nährwerte pro Person:
wein	2 EL Zitronensaft	432 kcal, 1807 kJ,
100 g Sahne	3 EL Mehl	27 g EW, 30 g F, 9 g KH

Schalotte schälen und fein hacken. 20 g Butter in einer Pfanne erhitzen und die Schalotte darin 1 Minute glasig dünsten. Wein angießen und bei mittlerer Hitze etwas einkochen lassen.

Sahne unter die Soße rühren und mit Salz sowie Pfeffer abschmecken. Zuletzt die Kresse abschneiden, in einem Sieb waschen, gut trocken schwenken und unter die Kressesoße heben, dabei nicht mehr kochen lassen.

Die Fischfilets mit kaltem Wasser abspülen und mit Küchenpapier trocken tupfen. Mit Zitronensaft beträufeln und mit Salz sowie mit frisch gemahlenem Pfeffer würzen. Anschließend im Mehl wenden. In der restlichen Butter bei mittlerer Hitze von jeder Seite 2–3 Minuten braten.

Fisch auf vorgewärmten Tellern anrichten und die Kressesoße darüberträufeln. Welsfilets sofort heiß servieren.

HAUPTGERICHTE MIT GANZEN FISCHEN

Gebratene Ofenforellen *(Abb. S. 87)*

Für 4 Personen:
Für die Forellen:
4 küchenfertige Forellen
4 Stängel Petersilie
Salz, Pfeffer
2 EL Weizenmehl (Type 405, z. B. von Alnatura)

2 EL Öl
20 g Butter
Saft von 1 Zitrone
Petersilie zum Garnieren
Für die Dillsoße:
2 Schalotten
40 g Butter

1–2 EL Mehl
300 ml Gemüsebrühe
200 g Sahne
2 Bd. Dill
Salz, Pfeffer
Für die Gemüsenudeln:
300 g Bandnudeln

Salz
4 große Möhren
2 Zucchini
1 EL Olivenöl
Pfeffer
Muskatnuss

Zubereitungszeit:
50 Min.

Nährwerte pro Person:
919 kcal, 3845 kJ,
57 g EW, 45 g F, 71 g KH

1 Backofen auf 170 Grad vorheizen. Forellen gründlich waschen und trocken tupfen. Petersilie abbrausen und trocken schütteln. Fische mit Salz und Pfeffer würzen. Jeweils 1 Petersilienstängel in 1 Forelle geben.

2 Mehl auf einen Teller geben und die Forellen darin wenden. Öl und Butter in einer großen Pfanne erhitzen und Forellen hineingeben. Von beiden Seiten ca. 5 Minuten knusprig braten. Anschließend Forellen in eine Auflaufform legen. In den heißen Ofen auf die mittlere Schiene stellen und für weitere 15 Minuten garen.

3 Für die Dillsoße Schalotten schälen und sehr fein schneiden. Dill abbrausen, trocken schütteln und ohne grobe Stielenden hacken.

4 Butter erhitzen und Schalotten darin 3–4 Minuten glasig dünsten. Schalotten mit Mehl bestäuben und gut verrühren. Schalotten mit Gemüsebrühe und Sahne ablöschen, dann die Soße 5 Minuten dicklich einkochen lassen. Gehackten Dill und Senf unterrühren. Mit Salz und Pfeffer pikant abschmecken.

5 Für die Gemüsenudeln Bandnudeln in kochendem Salzwasser al dente kochen und dann abgießen. Die Möhren schälen und mit einem Sparschäler in lange Streifen hobeln. Zucchini waschen, trocken reiben und ebenfalls in lange Streifen hobeln.

6 Gemüse in kochendem Salzwasser 2–3 Minuten blanchieren und dann abgießen. Gekochte Nudeln in einen Topf geben, Olivenöl und Gemüse zufügen und vorsichtig vermischen. Mit Salz, Pfeffer und Muskatnuss würzen.

7 Gemüsenudeln mit jeweils 1 Forelle und Dillsoße auf Tellern anrichten. Mit etwas Petersilie bestreuen und mit Zitronensaft beträufeln.

Dorade mit Limettenmarinade

Für 4 Personen:
4 küchenfertige Doraden
8 Knoblauchzehen
4 Schalotten
Saft von 4 Limetten
Salz

Chilipulver
4 EL Öl
1 Bd. Schnittlauch, in Röllchen geschnitten

Zubereitungszeit:
20 Min.
Marinierzeit:
2 Std.
Garzeit:
35 Min.

Nährwerte pro Person:
516 kcal, 2159 kJ,
93 g EW, 11 g F, 10 g KH

1 Doraden waschen und die spitzen Rückenflossen abschneiden. Auf jeder Seite 3 Einschnitte bis zur Mittelgräte machen. Fische in eine große Auflaufform legen.

2 Knoblauch sowie Schalotten schälen und hacken. Doraden mit Limettensaft, Knoblauch, Schalotten, etwas Salz und Chilipulver einreiben. Für 2 Stunden im Kühlschrank marinieren.

3 Backofen auf 100 Grad vorheizen. Fische in einer Pfanne im heißen Öl von beiden Seiten kräftig anbraten. Fische wieder in die ofenfeste Form geben und mit etwas Marinade beträufeln. In den Ofen schieben und je nach Dicke ca. 35 Minuten garen.

4 Fisch aus dem Ofen nehmen. Mit Schnittlauchröllchen bestreut servieren.

Gefüllte Sardinen

Für 4 Personen:
800 g küchenfertige
Sardinen
100 g altbackenes
Weißbrot
1 Bd. Petersilie
2–3 Knoblauchzehen
1 Pfefferschote

1 großes Ei, Salz
2–3 EL Olivenöl
Zitronenschnitze
Petersilie zum Garnieren

Zubereitungszeit:
50 Min.
Backzeit:
10 Min.

Nährwerte pro Person:
335 kcal, 1402 kJ,
34 g EW, 15 g F, 16 g KH

1 Sardinen kalt abspülen und bei Bedarf schuppen. Köpfe und Schwanzflossen abschneiden. Die Fische am Bauch aufschneiden und aufklappen. Die Mittelgräte mit einem Löffelstiel anheben und abziehen.

2 Das Brot in etwas Wasser einweichen. Petersilie waschen und trocken schütteln. Die Blättchen abzupfen und fein hacken. Knoblauch schälen und fein hacken. Pfefferschote putzen und fein schneiden.

3 Den Backofen auf 250 Grad vorheizen. Das eingeweichte Brot ausdrücken und zerpflücken. Mit gehackter Petersilie, Knoblauch, Pfefferschote und dem Ei vermengen. Die Masse mit etwas Salz würzen.

4 Die Kräutermasse auf die Fischbäuche verteilen und die Fischfiletseiten darüberklappen. Sardinen mit der offenen Seite nach oben in eine ofenfeste Form legen. Das Olivenöl darüberträufeln.

5 Fische in den heißen Backofen schieben und ca. 10 Minuten backen, bis die Füllung fest und leicht gebräunt ist. Anschließend die Sardinen mit Zitronenschnitzen und Petersilie garnieren und rasch heiß servieren.

Kräuterforelle vom Grill mit Bohnensalat

Für 4 Personen:
450 g dicke TK-Bohnen
300 g Stangensellerie
2 rote Zwiebeln
200 g Cocktailtomaten
Salz
schwarzer Pfeffer
1 Prise Zucker
3 EL Weißweinessig
4 EL Öl
4 kleine Forellen (à ca. 300 g)
125 g Kräuterbutter (z. B. von Meggle)
1 Bd. Kerbel
Öl zum Bestreichen
Basilikumblättchen und -blüten zum Garnieren

Zubereitungszeit:
40 Min.

Nährwerte pro Person:
550 kcal, 2301 kJ,
38 g EW, 37 g F, 14 g KH

1 Dicke Bohnen in kochendes Wasser geben, kurz aufkochen und bei schwacher Hitze ca. 10 Minuten garen. Danach abgießen, eiskalt abschrecken und abtropfen lassen. Die Bohnen aus der dicken Haut drücken.

2 Stangensellerie kalt waschen, putzen und in dünne Scheiben schneiden. Zwiebeln schälen und in dünne Ringe schneiden. Die Tomaten waschen und halbieren.

3 Salz, Pfeffer und Zucker mit Essig verquirlen. Das Öl in einem dünnen Strahl einfließen lassen und unterschlagen. Bohnen, Sellerie, Zwiebeln und die Tomaten mit der Vinaigrette vermengen, dann das Ganze beiseitestellen.

4 Fische innen und außen waschen und trocken tupfen. Kräuterbutter in dünne Scheiben schneiden. Kerbel waschen, trocken tupfen und etwas zum Garnieren beiseitestellen.

5 Die Forellen mit je 3 Butterscheiben und etwas Kerbel füllen. Grillkörbe oder Alugrillschalen mit Öl bestreichen und Fische hineinlegen. Auf den heißen Grill stellen und 12–15 Minuten unter Wenden grillen; in der Grillschale nur einmal nach der Hälfte der Grillzeit wenden.

6 Bohnensalat noch einmal abschmecken. Forellen mit dem Salat anrichten. Mit Basilikumblättchen, -blüten und beiseitegelegtem Kerbel garnieren. Restliche Butterscheiben dazu reichen.

Gebratene Dorade auf Gemüsebett

Für 4 Personen:
800 g festkochende
Kartoffeln
5 Möhren
1 Fenchelknolle
Olivenöl
1 Schuss trockener
Weißwein
200 ml Fischfond
Salz
Pfeffer aus der Mühle
4 küchenfertige Doraden
(à ca. 400 g)
je 1 Handvoll Basilikum
und Thymian

Zubereitungszeit:
40 Min.

Nährwerte pro Person:
625 kcal, 2615 kJ,
81 g EW, 17 g F, 34 g KH

1 Kartoffeln schälen, waschen und in kleine Würfel schneiden. Möhren schälen und klein schneiden. Fenchel waschen, putzen und klein würfeln.

2 EL Olivenöl in einer Pfanne erhitzen. Das vorbereitete Gemüse darin anschwitzen und mit Weißwein sowie Fischfond ablöschen. Salzen, pfeffern und zugedeckt ca. 15 Minuten leise gar schmoren.

3 In der Zwischenzeit die Fische innen und außen gründlich waschen und trocken tupfen. Auf jeder Seite 2–3 Mal einschneiden. Kräuter von den Stängeln bzw. Zweigen zupfen und grob hacken.

4 Doraden innen und außen mit Salz sowie frisch gemahlenem Pfeffer würzen und mit den gehackten Kräutern füllen. In einer großen Grillpfanne ein wenig Olivenöl erhitzen und die Fische portionsweise hineingeben. Doraden darin von jeder Seite 6–8 Minuten braten.

5 Deckel vom Gemüse nehmen und die Flüssigkeit noch ein wenig einköcheln lassen. Anschließend das Gemüse nochmals mit Gewürzen abschmecken. Dann auf 4 Teller verteilen und die Fische darauf anrichten. Mit ein wenig Olivenöl beträufeln und dann heiß servieren.

Kräuterdorade mit Zitrone

Für 4 Personen:
1 Bd. glatte Petersilie
je 5 Zweige Thymian und
Rosmarin
40 g entsteinte grüne
Oliven
1 Zwiebel
2 Knoblauchzehen
100 g Halbfettbutter (z. B.
von Du darfst)
Salz
Pfeffer aus der Mühle
1 Zitrone (unbehandelt)
4 küchenfertige Doraden
(à ca. 250 g)

Zubereitungszeit:
35 Min.

Nährwerte pro Person:
409 kcal, 1704 kJ,
43 g EW, 25 g F, 3 g KH

1 Die Kräuter mit kaltem Wasser abbrausen und trocken schütteln. Von 4 Stängeln Petersilie und von jeweils 1 Zweig Thymian und Rosmarin die Blättchen bzw. Nadeln abzupfen und zusammen mit den grünen Oliven fein hacken. Zwiebel sowie Knoblauchzehen schälen und dann beides ebenfalls fein hacken.

2 Die zimmerwarme Butter schaumig rühren und mit gehackten Kräutern, Oliven, Zwiebel, Knoblauch, Salz und Pfeffer verrühren. Zitrone heiß waschen, trocken reiben und in dünne Scheiben schneiden.

3 Aus den restlichen Kräutern 4 gemischte Kräutersträuße zusammenstellen. Die Doraden waschen, mit Küchenpapier trocken tupfen und mit den Kräutern füllen.

4 Doraden auf je 1 Stück Alufolie (ca. 30 × 30 cm) legen, mit Kräuter-Oliven-Butter bestreichen und die Zitronenscheiben auf den Fischen verteilen. Die Doraden in die Folie einschlagen.

5 Die Alupäckchen auf den heißen Grill legen und ca. 20 Minuten grillen. Nach 10 Minuten die Päckchen vorsichtig wenden.

Streifenbrasse mit Orangen und Fenchelgemüse

Für 4 Personen:
4 küchenfertige Streifen-
brassen (à ca. 300 g)
Salz, Pfeffer
6 Orangenscheiben
(unbehandelt)
2 kleine Fenchelknollen
4 Tomaten
6 EL Olivenöl
6 EL Limettensaft

Zubereitungszeit:
30 Min.
Garnierzeit:
25 Min.

Nährwerte pro Person:
511 kcal, 2138 kJ,
57 g EW, 26 g F, 10 g KH

1 Die Streifenbrassen kalt abspülen und trocken tupfen. Innen und außen kräftig mit Salz und Pfeffer einreiben.

2 Die Fische jeweils auf einer Seite dreimal schräg bis auf die Gräten einschneiden. Orangenscheiben halbieren und je 1 Hälfte in die Einschnitte stecken.

3 Fenchel waschen, putzen und in ca. 1 cm breite Streifen schneiden. Tomaten waschen, vierteln, entkernen, Stielansätze entfernen und das Fruchtfleisch in Streifen schneiden.

4 Backofen auf 200 Grad vorheizen. 4 EL Olivenöl in einer hohen Pfanne erhitzen. Fenchel darin 3–4 Minuten dünsten. Tomaten zugeben und kurz mitdünsten. Das Gemüse in einen großen Bräter

füllen und mit Salz, Pfeffer sowie Limettensaft würzen.

5 Die Streifenbrassen auf das Fenchelgemüse legen. Mit restlichem Olivenöl beträufeln. Im heißen Ofen 15–25 Minuten garen.

TIPP

Die Streifenbrasse gehört zur Meerbrassenfamilie, zu der auch die Goldbrasse, Zahnbrasse und Rotbrasse zählen. Meerbrassen haben festes weißes Fleisch mit wenig Gräten, das sich gut mit kräftigen Gewürzen verträgt.

Dorade al forno

Für 4 Personen:
2 küchenfertige Doraden
(à ca. 500 g)
einige Lorbeerblätter
1 EL Olivenöl
grobes Meersalz
Pfeffer aus der Mühle
1 Zitrone (unbehandelt)

einige Zweige Rosmarin
Außerdem:
4 Zwiebeln, 1 EL Olivenöl
500 g vorwiegend fest-
kochende Kartoffeln
abgeriebene Schale und
Saft von 1 Zitrone (un-
behandelt)

3 EL heller Soßenbinder
(z. B. von Mondamin)
Salz
Pfeffer
2 EL Petersilie, frisch
gehackt

Zubereitungszeit:
45 Min.
Garzeit:
45 Min.

Nährwerte pro Person:
398 kcal, 1665 kJ,
50 g EW, 8 g F, 31 g KH

1 Backofen auf 200–225 Grad vorheizen. Doraden kalt abspülen und trocken tupfen. Die Fische auf einer Seite schräg mit einem scharfen Messer einschneiden und die Lorbeerblätter in die Einschnitte stecken.

2 Doraden in eine feuerfeste Form legen und mit Olivenöl beträufeln. Mit Meersalz und Pfeffer würzen. Zitrone heiß waschen, trocken reiben und in Scheiben schneiden. Auf den Doraden verteilen. Mit Rosmarinzweigen belegen und im heißen Backofen 20–25 Minuten backen.

3 In der Zwischenzeit Zwiebeln schälen und in Ringe schneiden. Olivenöl in einer Pfanne erhitzen und

Zwiebeln darin andünsten. Kartoffeln schälen, waschen und in Scheiben schneiden. Zu den Zwiebeln geben und kurz andünsten.

4 Gemüsebrühe, abgeriebene Zitronenschale und Zitronensaft zu den Kartoffeln geben. Zudecken und ca. 25 Minuten garen. Nach Garzeitende den Soßenbinder einrühren und unter Rühren 1 Minute köcheln lassen. Mit Salz und Pfeffer würzen. Gehackte Petersilie untermischen.

5 Doraden nach Belieben vor dem Servieren oder bei Tisch filetieren. Zusammen mit dem Kartoffel-Zwiebel-Gemüse auf 4 Tellern anrichten und dann heiß servieren.

Meerbrassen aus dem Ofen

Für 6 Personen:
2 Meerbrassen, geschuppt und ausgenommen (à 800 g)
Öl zum Braten
2 Limetten (unbehandelt)
12 Cocktailtomaten
3 EL Olivenöl
Fleur de Sel
Pfeffer aus der Mühle
3 Stängel Koriander

Zubereitungszeit:
20 Min.
Garzeit:
45 Min.

Nährwerte pro Person:
313 kcal, 1310 kJ,
49 g EW, 12 g F, 1 g KH

1 Backofen auf 100 Grad vorheizen. Meerbrassen abspülen, trocken tupfen und auf einer Seite drei- bis viermal leicht einkerben.

2 Das Öl in einer Pfanne erhitzen und die Fische von beiden Seiten kräftig anbraten. In eine vorgewärmte ofenfeste flache Form oder auf ein vorgeheiztes, mit Alufolie bedecktes Backblech legen.

3 Die Limetten heiß waschen, trocken reiben und in dünne Scheiben schneiden. In jede Kerbe der Brassen ½ Limettenscheibe stecken. Die restlichen Scheiben um die Fische herumlegen.

4 Cocktailtomaten waschen, trocken tupfen und um die Doraden herumlegen. Alles mit Olivenöl benetzen und mit Salz sowie Pfeffer würzen. Fische 40 Minuten im Backofen garen.

5 Koriander abbrausen, trocken schütteln und die Blättchen abzupfen. Koriander fein hacken. Über die gegarten Fische streuen und dann sofort heiß servieren.

TIPP
Fleur de Sel gilt als hochwertigstes und besonders kostbares Meersalz. Es wird in Handarbeit gewonnen und ist besonders reich an Spurenelementen und Mineralien.

Fisch im Sud gegart

Für 4 Personen:
3 Möhren
1 Petersilienwurzel
3 Stangen Sellerie
2 Zitronenscheiben (un-
behandelt)
je 1 EL Pfeffer-, Piment-
und Senfkörner

1 großer oder 4 kleine
küchenfertige Fische

Zubereitungszeit:
20 Min.
Garzeit:
30 Min.

Nährwerte pro Person:
331 kcal, 1385 kJ,
60 g EW, 7 g F, 6 g KH

Möhren und Petersilienwurzel schälen, putzen, waschen und klein schneiden. Die Selleriestangen putzen, waschen und quer in ca. 1 cm dicke Stücke schneiden.

2 l Wasser in einem großen, weiten Topf oder in einem Fischbräter aufkochen. Zitronenscheiben, Pfeffer-, Piment- sowie Senfkörner zugeben und das Ganze abgedeckt bei starker Hitze ca. 20 Minuten kochen lassen.

Hitze reduzieren, den Fisch oder die Fische in den Sud legen und knapp über dem Siedepunkt gar ziehen lassen. (Bei einem großen Fisch dauert dies ca. 30 Minuten, kleine Fische benötigen je nach Größe 15–20 Minuten.)

TIPP

Man kann z. B. Saiblinge, Renken oder Zander verwenden. Den Sud anschließend nicht wegschütten, er ist die Basis für leckere Fischsoßen. Er lässt sich auch gut einfrieren; einfach durch ein Sieb gießen und in passenden Gefäßen portionsweise einfrieren.

Senfdoraden mit Mozzarellafüllung

Für 4 Personen:
4 küchenfertige Doraden
(à 200 g)
Salz
Pfeffer aus der Mühle
3 EL süßer Senf
2 Frühlingszwiebeln
2 Tomaten

125 g Mozzarella
2 TL Zitronensaft
4 EL milder Senf
2 TL Basilikum, frisch
gehackt
1 Prise Zucker

Zubereitungszeit:
20 Min.
Garzeit:
20 Min.

Nährwerte pro Person:
296 kcal, 1242 kJ,
38 g EW, 11 g F, 9 g KH

Doraden kalt waschen und trocken tupfen. Mit Salz und Pfeffer bestreuen und mit dem süßen Senf bestreichen.

Frühlingszwiebeln putzen, waschen und in feine Ringe schneiden. Tomaten waschen und fein würfeln. Mozzarella abtropfen lassen und ebenfalls in Würfel schneiden.

Frühlingszwiebeln, Tomaten und Mozzarella mischen. Mit Zitronensaft, Senf, Basilikum, Zucker, Salz und Pfeffer abschmecken. Doraden damit füllen und in Alufolie wickeln.

Doraden auf den Grillrost legen und ca. 20 Minuten garen. Dabei einmal wenden. Anschließend heiß servieren.

HAUPTGERICHTE MIT
MEERESFRÜCHTEN

Ausgebackene Langostinos *(Abb. S. 105)*

Für 4 Personen:
16 Langostinos
Saft von 2 Limetten
Tabasco
Salz
Pfeffer aus der Mühle
2 Weißbrotscheiben,
entrindet, trocken

2 Frühlingszwiebeln
50 g Anchovispaste (alternativ Sardellenpaste)
50 g weiche Butter
1 große reife Mango
1 EL Aprikosenmarmelade
2 frische rote Chilischoten

2 Eier
200 g Mehl
200 ml helles Bier
Mehl zum Wenden
1 l Pflanzenöl zum
Frittieren

Zubereitungszeit:
1 Std.
Kühlzeit:
1 Std.

Nährwerte pro Person:
936 kcal, 3916 kJ,
90 g EW, 28 g F, 74 g KH

1 Langostinos schälen und den Kopf entfernen. Dann waschen, trocken tupfen und mit der Hälfte des Limettensafts, mit etwas Tabasco, Salz und Pfeffer würzen.

2 Weißbrot fein reiben. Die Frühlingszwiebeln putzen, waschen und fein hacken. Beides mit Anchovispaste und Butter zu einer Paste verrühren. Mit Folie abdecken und 1 Stunde kühl stellen.

3 Für den Dip die Mango schälen, Stein auslösen und Fruchtfleisch mit Marmelade und restlichem Limettensaft pürieren. Chilischoten waschen, entkernen, würfeln und unterrühren. Das Ganze kalt stellen.

4 Eigelb und Eiweiß trennen. Mehl, Salz, Eigelb und Bier verrühren. Eiweiß steif schlagen und unter den Teig heben.

5 Langostinos im Rückeneinschnitt mit der Anchovispaste füllen und diese festdrücken. Langostinos leicht in Mehl wenden. Öl in einer großen Pfanne oder einem großen Topf auf ca. 180 Grad erhitzen.

6 Langostinos durch den Backteig ziehen und portionsweise im heißen Fett goldgelb frittieren. Herausnehmen und auf Küchenpapier entfetten lassen. Den Mangodip auf 4 Portionsschälchen verteilen und mit den Langostinos auf Tellern anrichten.

Herzmuscheln in Weißweinsud

Für 4 Personen:
2 kg Herzmuscheln
mit Schale
1 Bd. Frühlingszwiebeln
5 Knoblauchzehen
1 Bd. glatte Petersilie

2 Stängel Koriander
6 EL Olivenöl
1–2 EL Pfefferkörner
1 l trockener Weißwein
abgeriebene Schale von
½ Zitrone (unbehandelt)

1 Lorbeerblatt
Salz

Zubereitungszeit:
35 Min.

Nährwerte pro Person:
654 kcal, 2736 kJ,
32 g EW, 26 g F, 29 g KH

1 Muscheln unter fließendem Wasser waschen und mit einer Bürste reinigen. Bereits geöffnete Muscheln entfernen.

2 Frühlingszwiebeln putzen, waschen, trocken schütteln und in Röllchen schneiden. Knoblauch abziehen und hacken. Petersilie und Koriander abbrausen und trocken schütteln. Ohne grobe Stielenden klein schneiden.

3 Olivenöl in einem großen Topf erhitzen. Frühlingszwiebeln sowie Knoblauch bei mittlerer Hitze ca. 4 Minuten anschwitzen und ab und zu umrühren.

4 Pfefferkörner in einem Mörser grob zerstoßen. Weißwein in den Topf geben, Zitronenschale und Lorbeerblatt zugeben. Mit Salz und Pfeffer kräftig würzen. Aufkochen lassen.

5 Herzmuscheln in den Topf geben und Deckel auflegen. Den Sud ca. 5 Minuten köcheln lassen, bis sich die Muscheln geöffnet haben, dabei ab und zu am Topf rütteln. Anschließend ungeöffnete Exemplare entfernen.

6 Herzmuscheln mit dem Weißweinsud auf tiefe Teller verteilen. Dann rasch heiß servieren.

Knoblauchgarnelen aus der Pfanne

Für 2 Personen:
400 g Riesengarnelen
4 Knoblauchzehen
1 frische rote Chilischote
1 Stängel Basilikum
½ Bd. Petersilie
4 EL Olivenöl
Salz
Pfeffer aus der Mühle

Zubereitungszeit:
35 Min.

Nährwerte pro Person:
310 kcal, 1297 kJ,
44 g EW, 9 g F, 12 g KH

1 Die Garnelen in der Schale und mit Kopf unter fließendem kaltem Wasser waschen. In einem Sieb gut abtropfen lassen. Die Knoblauchzehen abziehen und die eine Hälfte in sehr dünne Scheiben schneiden, die andere fein hacken.

2 Chilischote waschen, halbieren, entkernen und fein hacken. Basilikum und Petersilie mit kaltem Wasser abbrausen und trocken schütteln, feste Stielenden entfernen. Kräuter in sehr feine Streifen schneiden.

3 Olivenöl in eine Pfanne geben und erhitzen. Den Knoblauch mit gehackter Chili zugeben und bei mittlerer Hitze kurz anschwitzen. Die Garnelen dazugeben und ebenfalls bei mittlerer Hitze anbraten. Mehrmals wenden, bis sie eine kräftige rote Farbe haben.

4 Kräuterstreifen darüberstreuen, mit Salz sowie Pfeffer würzen und kurz durchschwenken. Sofort heiß servieren.

VARIANTE

Ofengarnelen: Backofen auf 200 Grad vorheizen. Die gleiche Menge an Garnelen aus der Schale und vom Kopf lösen, mit einem scharfen Messer längs den Rücken aufschneiden und den schwarzen Darmfaden entfernen. Garnelen waschen und abtropfen lassen. 2 Chilischoten waschen und in feine Ringe schneiden. 4–6 Knoblauchzehen schälen, in feine Scheiben schneiden und ½ Bd. Petersilie waschen, trocken schütteln und hacken. Garnelen in 2 feuerfeste Formen geben und mit Olivenöl beträufeln, 1 EL Butter dazugeben, Chilis, Knoblauch und Petersilie untermischen, mit Salz und Pfeffer würzen. Im heißen Backofen ca. 10 Minuten braten, dabei mindestens einmal umrühren.

Gebratener Tintenfisch mit roten Zwiebeln

Für 4 Personen:
**750 g frische Baby-
tintenfische
Salz
1 Gemüsezwiebel
2 Lorbeerblätter
2 Gewürznelken
3 rote Zwiebeln
2 Knoblauchzehen
3 Zweige Rosmarin
2 EL Butterschmalz
Pfeffer
30 ml trockener
Weißwein**

Zubereitungszeit:
45 Min.
Garzeit:
15 Min.

Nährwerte pro Person:
**217 kcal, 908 kJ,
30 g EW, 7 g F, 7 g KH**

1 Tintenfische kalt waschen. Die Tuben vom Kopf abziehen und ausspülen. Mit einem Finger hinein-fahren und gründlich reinigen. Die Köpfe knapp über den Fangarmen abschneiden, die harten Zähne in der Mitte zwischen den Fangarmen entfernen. Köpfe wegwerfen.

2 Einen großen Topf mit Salzwasser zum Kochen bringen. Gemüsezwiebel schälen und mit Lorbeer und Nelken spicken. Dazu die Nelken durch die Lorbeerblätter an die Zwiebel stecken. Gespickte Zwiebel in das kochende Wasser setzen.

3 Tintenfische in das kochende Wasser geben. Topf vom Herd ziehen und dann 15 Minuten zugedeckt ziehen lassen. Anschließend mit einer Schaumkelle herausheben und sofort in Eiswasser abkühlen. Abtropfen lassen.

4 Rote Zwiebeln und Knoblauch schälen, die Zwiebeln in Streifen schneiden und den Knoblauch hacken.

Die Rosmarinnadeln von den Zweigen streifen und fein hacken.

5 Butterschmalz in einer beschichteten Pfanne erhit-zen. Zwiebeln und Knoblauch darin glasig andüns-ten, dann die Tintenfische dazugeben. Ca. 3 Minuten unter Rühren braten; dabei darauf achten dass der Tintenfisch nicht länger gebraten wird, da er sonst fest wird.

6 Tintenfisch mit Salz, Pfeffer und Rosmarinnadeln würzen. Mit Weißwein ablöschen und sofort heiß servieren.

BEILAGE
Hierzu passt ein knackiger grüner Salat und frisches Baguette.

Überbackene Miesmuscheln

Für 4 Personen:
1 kg frische Miesmuscheln
4 – 5 reife Tomaten
2 Knoblauchzehen
1 EL Butter, zerlassen
2 EL Olivenöl extra vergine
Pfeffer aus der Mühle
Salz
10 EL Parmesan, frisch gerieben

Zubereitungszeit:
30 Min.

Nährwerte pro Person:
323 kcal, 1351 kJ,
31 g EW, 17 g F, 12 g KH

1 Die Miesmuscheln unter fließendem kalten Wasser gründlich abbürsten. Die Bärte entfernen und eventuelle Ablagerungen von den Schalen kratzen. Geöffnete Muscheln oder Muscheln mit zerbrochener Schale wegwerfen.

2 250 ml Wasser in einem großen Topf aufkochen. Muscheln zugeben und ca. 5 Minuten garen, dabei ab und zu am Topf rütteln. Anschließend das Wasser abgießen. Alle ungeöffneten Muscheln entfernen.

3 Die obere Schalenhälfte der Muscheln entfernen, das Muschelfleisch in der unteren Schale belassen. Diese in eine feuerfeste Form so dicht nebeneinanderlegen, dass die einzelnen Schalen nicht umkippen können.

4 Backofengrill auf der höchsten Stufe vorheizen. Tomaten waschen und oben kreuzweise einritzen. Dann mit kochend heißem Wasser überbrühen, häuten, halbieren, entkernen und fein hacken. Knoblauch schälen und fein hacken.

5 In einer Schüssel zerlassene Butter, Olivenöl, Tomaten, reichlich Pfeffer, etwas Salz und den fein gehackten Knoblauch gut vermischen. Auf jede Muschel ein kleines Häufchen der Mischung setzen und dick mit Parmesan bestreuen.

6 Die Form in den heißen Ofen schieben. 2 – 3 Minuten grillen, bis die Muscheln brutzeln und goldgelb sind. In den Schalen servieren.

TIPP

Verwenden Sie reichlich Parmesan, damit die Muscheln nicht austrocknen. Und reichen Sie dazu frisches Weißbrot.

Wokgemüse mit Riesengarnelen

Für 4 Personen:

150 g Brokkoliröschen	60 g kalifornische
150 g Blumenkohl-	Walnüsse
röschen	20 küchenfertige Riesen-
Salz	garnelen
100 g Möhren	120 ml Hühnerbrühe
60 g Lauch	2 – 3 EL Sojasoße
je 1 gelbe und rote	Pfeffer
Paprika	Zucker
100 g Champignons	Thai-Basilikum
100 g Shiitakepilze	
1 Knoblauchzehe	Zubereitungszeit:
1 Chilischote	40 Min.
2 rote Zwiebeln	
50 g Zuckerschoten	Nährwerte pro Person:
100 g Sojasprossen	374 kcal, 1565 kJ,
4 EL Öl	30 g EW, 22 g F, 14 g KH

1 Brokkoli und Blumenkohl putzen und waschen. Dann kurz in Salzwasser blanchieren, abgießen und mit eiskaltem Wasser abschrecken.

2 Möhren schälen. Lauch sowie Paprikaschoten putzen und waschen. Möhren, Lauch und Paprika in Streifen schneiden. Champignons und Shiitakepilze säubern und vierteln.

3 Knoblauch schälen und fein hacken. Chilischote längs halbieren, Kerne entfernen und Chili hacken. Zwiebeln schälen und in feine Streifen schneiden. Zuckerschoten und Sojasprossen abbrausen und abtropfen lassen.

4 Öl im Wok erhitzen. Walnüsse darin anrösten, dabei häufig umrühren. Dann herausnehmen und beiseitestellen. Die Riesengarnelen in das Öl geben und unter Rühren 2 – 3 Minuten anbraten. Ebenfalls herausnehmen und beiseitestellen.

5 Im verbliebenen heißen Öl Brokkoli, Blumenkohl, Möhren und Zwiebeln anschwenken. Dann Pilze, Paprika, Zuckerschoten, Lauch, Knoblauch und Chili zugeben und unter häufigem Rühren braten.

6 Sojasprossen zugeben und das Ganze mit Hühnerbrühe ablöschen. Anschließend mit Sojasoße würzen. Garnelen und Walnüsse zugeben und alles mit Salz, Pfeffer und etwas Zucker abschmecken.

7 Wokgemüse auf 4 Tellern anrichten. Mit einigen Blättchen Thai-Basilikum garnieren und dann heiß servieren.

BEILAGE
Zu diesem Gericht passen asiatische Mie-Nudeln oder ganz einfach Basmatireis.

Frittierte Tintenfischringe mit Kerbelsoße

Für 4 Personen:
80 g Sahne
100 g Joghurt natur
Zitronensaft
Salz
weißer Pfeffer
½ Zwiebel
40 g frischer Kerbel
100 g Mehl
bunte Pfefferkörner nach
Belieben
600 g küchenfertige Tin-
tenfischtuben
Pflanzenöl zum Frittieren
1 Handvoll Rucola
Balsamico-Essig zum
Beträufeln
4 Limonenscheiben

Zubereitungszeit:
20 Min.

Nährwerte pro Person:
512 kcal, 2142 kJ,
28 g EW, 34 g F, 24 g KH

1 Für die Kerbelsoße Sahne mit Joghurt, etwas Zitronensaft, Salz und weißem Pfeffer glatt rühren. Die Zwiebel schälen und sehr fein würfeln. Kerbel abbrausen, trocken schütteln und fein hacken. Beides unter die Joghurtsoße rühren. Kerbelsoße bis zum Servieren kühl stellen.

2 Für die Tintenfischringe zuerst den Ausbackteig vorbereiten. 300 ml kaltes Wasser in eine Rührschüssel geben. 1 Prise Salz mit dem Mehl vermengen und unter ständigem Rühren in das Wasser sieben. So lange rühren, bis der Teig glatt ist. Bunte Pfefferkörner im Mörser grob zerstoßen und unter den Teig mengen.

3 Küchenfertige Tintenfischtuben abbrausen und in Ringe schneiden; falls noch Fangarme an den Tuben sind, diese abtrennen. Den Tintenfisch mit Küchenpapier gut trocken tupfen.

4 Reichlich Öl in einer Fritteuse oder in einem großen Topf auf ca. 180 Grad erhitzen. Die Tintenfischringe portionsweise im Teig wenden und in das heiße Fett geben. In 2–3 Minuten goldbraun frittieren. Tintenfischringe mit einer Schaumkelle aus dem heißen Fett heben. Auf Küchenpapier entfetten lassen und warm stellen, bis alles ausgebacken ist.

5 Rucola verlesen, waschen, trocken schleudern und auf 4 Teller verteilen. Mit Salz, Pfeffer und ein paar Tropfen Balsamico-Essig würzen. Jeweils 1 Limonenscheibe dazugeben und die Kerbelsoße daraufgeben. Die heißen Tintenfischringe auf den Tellern anrichten und sofort heiß servieren.

Surf and Turf

Für 4 Personen:
2 Zucchini
2 Möhren
2 Schalotten
Knoblauch nach Ge-
schmack
1 Bd. Schnittlauch
500 g Rinderfiletspitzen
24 mittelgroße Garnelen
Salz
100 g Mais (Dose)
Butterschmalz
Pfeffer aus der Mühle
Crema di Balsamico
Olivenöl

Zubereitungszeit:
50 Min.

Nährwerte pro Person:
502 kcal, 2100 kJ,
55 g EW, 22 g F, 21 g KH

1 Zucchini waschen und putzen. Möhre schälen und beides in Würfel schneiden. Die Schalotten schälen und fein würfeln. Knoblauch abziehen und hacken. Schnittlauch abbrausen, trocken schütteln und in Röllchen schneiden.

2 Rinderfiletspitzen abbrausen und trocken tupfen. Dann in gleich große, ca. 2 cm dicke Stücke schneiden und auf Schaschlikspieße schieben. Von den Garnelen Panzer und Darm entfernen. Kalt waschen, trocken tupfen und dann ebenfalls auf (separate) Spieße schieben.

3 Zucchini- und Möhrenwürfel kurz in kochendem gesalzenem Wasser blanchieren und eiskalt abschrecken. Gut abtropfen lassen. Mais ebenfalls abtropfen lassen.

4 Ein wenig Butterschmalz in einem Topf erhitzen. Schalotten und Knoblauch kurz darin anschwitzen. Blanchiertes Gemüse und Mais zugeben und alles gut vermischen. Mit frisch gemahlenem Pfeffer, Salz und etwas Crema di Balsamico abschmecken. Zum Schluss die Schnittlauchröllchen unterheben.

5 Etwas Butterschmalz in einer Grillpfanne erhitzen. Rinderfiletspieße von beiden Seiten kurz anbraten und anschließend bei 60 Grad im Backofen ruhen lassen. Garnelenspieße in der Grillpfanne mit etwas Olivenöl ca. 1–2 Minuten braten.

6 Fleisch- und Garnelenspieße zusammen mit dem Gemüse auf Tellern anrichten. Surf and Turf heiß servieren.

TIPP

Als Beilage passt Reis sehr gut.
Das Fleisch sollte ca. 40 Minuten vor dem Braten aus dem Kühlschrank genommen werden, damit es Zimmertemperatur annimmt.

Fischstäbchen selbst gemacht

Für 4 Personen:
4 Fischfilets (à ca. 150 g,
z. B. Seelachs, Pangasius)
4 EL Zitronensaft
2 EL Mehl
2 Eier

5 EL Paniermehl
2 EL Cornflakes
Salz
Pfeffer
Butterschmalz zum
Ausbacken

Zubereitungszeit:
20 Min.

Nährwerte pro Person:
300 kcal, 1255 kJ,
32 g EW, 14 g F, 11 g KH

1 Fischfilets abbrausen und trocken tupfen. Jeweils in 3–4 gleichmäßige Stücke teilen. Fisch mit Zitronensaft beträufeln und etwas ziehen lassen.

2 In der Zwischenzeit Mehl, Eier und Paniermehl jeweils in einen Teller geben. Eier mit einer Gabel verquirlen. Cornflakes zerbröseln und unter das Paniermehl mischen. Fisch rundum mit Salz und Pfeffer würzen. Leicht in Mehl wenden, durch das verquirlte Ei ziehen und im Paniermehl fertig panieren. Die Panade andrücken.

3 So viel Butterschmalz in einer Pfanne erhitzen, dass die Fischstücke etwas »schwimmen« können. Fischstäbchen portionsweise hineingeben und von allen

Seiten in ca. 7 Minuten goldbraun ausbacken. Herausnehmen und warm halten. Anschließend heiß servieren.

BEILAGE

Reichen Sie zu den Fischstäbchen einen Salat und Remouladensoße. Für die Soße jeweils 750 g Mayonnaise und Joghurt mit 1 EL Senf glatt rühren. 2 Sardellenfilets, 2 Gewürzgurken, 1 EL Kapern und 2 hart gekochte Eigelbe hacken und untermengen. ½ Bd. gemischte Kräuter hacken und ebenfalls in die Joghurt-Mayonnaise rühren. Mit Salz, frisch gemahlenem Pfeffer und nach Wunsch mit etwas Essig abschmecken.

Gefüllter Tintenfisch auf Fenchel

Für 4 Personen:
4 küchenfertige Tinten-
fischtuben (à ca. 180 g)
2 Bd. glatte Petersilie
300 g cremiger Schafskäse
1 Knoblauchzehe
1 Zitrone (unbehandelt)
Pfeffer aus der Mühle
6 EL Olivenöl
125 ml Gemüsefond
125 ml Weißwein
2 Fenchelknollen (à ca. 300 g)
Salz
50 g Pinienkerne
40 g Butter

Zubereitungszeit:
45 Min.
Garzeit:
30 Min.

Nährwerte pro Person:
704 kcal, 295 kJ,
51 g EW, 46 g F, 16 g KH

1 Die Tintenfischtuben waschen und trocken tupfen. Petersilie abbrausen und trocken schütteln. Blättchen von den Stängeln zupfen und hacken.

2 Schafskäse mit einer Gabel zerdrücken. Knoblauch abziehen und durch eine Presse dazudrücken.

3 Zitrone heiß waschen und trocken reiben. Schale abreiben und Saft auspressen. Schale und Saft mit Petersilie zum Schafskäse geben und unterrühren. Mit Pfeffer würzen. Tintenfische mit der Schafskäsemasse füllen und mit Holzstäbchen verschließen.

4 EL Olivenöl in einer Pfanne erhitzen. Gefüllte Tintenfische darin von allen Seiten ca. 8 Minuten braten. Mit Gemüsefond und Wein ablöschen, Deckel auflegen und ca. 25 Minuten schmoren.

5 In der Zwischenzeit Fenchel waschen und putzen, dabei die harten Strünke herausschneiden. Fenchel in dünne Scheiben schneiden.

6 Das übrige Olivenöl in einer Pfanne erhitzen und Fenchel darin von beiden Seiten anbraten. Mit Salz und mit frisch gemahlenem Pfeffer würzen. Nach 20 Minuten Garzeit zu den Tintenfischen geben.

7 Pinienkerne grob hacken. Butter zerlassen und Pinienkerne darin rösten. Über die Tintenfische streuen und das Ganze heiß servieren.

Meeresfrüchtespieße

Für 4 Personen:	16 Shrimps	Zubereitungszeit:
4 große Garnelen, ohne Schale und Darm, halbiert	**Salz**	**15 Min.**
12 Jakobsmuscheln	**Pfeffer aus der Mühle**	
1 Zitrone (unbehandelt)	**Koriandergrün zum Garnieren**	Nährwerte pro Person:
1 Limette (unbehandelt)	**Zitronenöl und Soja- soße zum Dippen**	**141 kcal, 590 kJ,**
8 Scheiben Frühstücks- speck		**22 g EW, 3 g F, 6 g KH**

1 8 Holzspieße in Wasser einweichen. Garnelen und Jakobsmuscheln waschen und mit Küchenpapier gründlich trocken tupfen.

2 Zitrone und Limette heiß waschen und trocken reiben. Zitrone vierteln, Limette halbieren und die Hälften vierteln.

3 Die Garnelen mit dem Frühstücksspeck umwickeln und zusammen mit jeweils 3 Jakobsmuscheln auf 4 Spieße verteilen. Auf jeden Spieß 1 Zitronenspalte stecken.

4 Shrimps waschen, trocken tupfen und mit den Limettenecken abwechselnd auf die restlichen Spieße stecken.

5 Alle Spieße mit Salz und Pfeffer würzen und auf den Grill legen. Von beiden Seiten ca. 4 Minuten grillen, bis die Meeresfrüchte glasig und goldbraun sind.

6 Die Spieße mit Koriandergrün garnieren und nach Wunsch mit Zitronenöl und Sojasoße anrichten. Heiß servieren.

Pizza frutti di mare

Für 4 Personen:	1 Zwiebel	Zubereitungszeit:	Nährwerte pro Person:
Für den Teig:	1 Knoblauchzehe	**1 Std.**	**899 kcal, 3761 kJ,**
500 g Mehl, 1 TL Salz	**10 EL Olivenöl**	Ruhezeit:	**31 g EW, 41 g F, 102 g KH**
½ Würfel Hefe	**2 Tomaten**	**2 ¼ Std.**	
Pflanzenöl	**Salz**	Backzeit:	
Mehl für die Arbeitsfläche	**Pfeffer**	**12 Min.**	
Für den Belag:	**2 Zweige Thymian**		
400 g gemischte Meeres-			
früchte (Dose oder Glas)			

1 Für den Teig Mehl und Salz in einer Schüssel vermischen. In die Mitte eine Mulde drücken. Hefe hineinbröckeln und mit 50 ml lauwarmem Wasser und etwas Mehl zu einem Vorteig verrühren. Zudecken und an einem warmen Ort 15 Minuten gehen lassen.

2 Danach 200 ml lauwarmes Wasser hinzufügen und alles zu einem glatten Teig kneten. Teig schlagen, bis er sich vom Schüsselboden löst. Zugedeckt an einem warmen Ort 1 Stunde gehen lassen. Ein Backblech mit Pflanzenöl einfetten. Teig auf einer bemehlten Fläche in Größe des Blechs ausrollen und darauflegen. Noch einmal zudecken und 1 Stunde ruhen lassen.

3 Backofen auf 250 Grad vorheizen. Meeresfrüchte in einem Sieb abtropfen lassen. Zwiebel und Knoblauch schälen und beides fein würfeln. In einem Topf 2 EL Olivenöl erhitzen, Zwiebel und Knoblauch darin glasig dünsten.

4 Tomaten überbrühen, häuten und vierteln. Fruchtfleisch klein schneiden. Ebenfalls in den Topf geben und 10 Minuten mitdünsten. Salzen und pfeffern. Die gemischten Meeresfrüchte zugeben und erhitzen, aber nicht kochen. Soße zudecken und warm halten.

5 Pizzaboden im heißen Backofen auf der mittleren Schiene 10 Minuten vorbacken und herausnehmen. Belag darauf verteilen. Thymianblättchen von den Zweigen zupfen, hacken und über die Pizza streuen. Die Pizza mit dem restlichen Olivenöl beträufeln und im Ofen noch 2 Minuten erhitzen.

Flusskrebsbällchen

Für 4 Personen:	2 Eier	Zubereitungszeit:
300 g Flusskrebs-	**100 g Mehl, Salz**	**1 Std.**
schwänze, ausgelöst	**Pfeffer aus der Mühle**	
1 Zwiebel	**½ Bd. Petersilie**	Nährwerte pro Person:
3 Knoblauchzehen	**½ l Pflanzenöl zum**	**249 kcal, 1042 kJ,**
1 kleines Stück Ingwer	**Frittieren**	**22 g EW, 7 g F, 24 g KH**

1 Flusskrebsschwänze waschen und trocken tupfen, dann hacken. Zwiebel, Knoblauch und Ingwer schälen und fein hacken. Mit dem Krebsfleisch vermengen.

2 Eier in eine große Schüssel geben. Mehl durch ein Sieb einstäuben und alles glatt rühren. Den Teig kräftig mit Salz und frisch gemahlenem Pfeffer würzen.

3 Petersilie unter fließendem kaltem Wasser waschen und trocken schütteln. Grobe Stielenden abschneiden und Petersilie hacken. Zusammen mit der Flusskrebsmischung unter den Eierteig rühren.

4 Pflanzenöl in einem großen Topf erhitzen. Aus dem Teig mithilfe eines Teelöffels walnussgroße Kugeln formen und portionsweise in das heiße Fett geben. In ca. 4 Minuten rundum goldbraun frittieren.

5 Mit einem Schaumlöffel herausnehmen und entfetten lassen. Heiß oder kalt servieren.

Garnelentartelettes mit Gurken-Möhren-Salat

Für 4 Personen:
Für den Teig:
160 g Mehl (Type 550)
1 Msp. Backpulver
Salz
Zucker
80 g kalte Butter, in
Würfeln
1 Ei, getrennt
Für Füllung und Salat:
12 rohe geschälte TK-
Garnelen
1 Bd. Frühlingszwiebeln
1 Knoblauchzehe
1 rote Pfefferschote
2 EL natives Rapsöl
Salz
1 Ei
1 Eigelb
150 g Sahne
2 TL abgeriebene Limet-
tenschale (unbehandelt)
Pfeffer
½ Bd. Koriandergrün
Für den Salat:
200 g Möhren
1 kleine Gurke
2 EL Limettensaft
Zucker
Salz
Pfeffer
3 EL natives Rapsöl
4 Stängel Pfefferminze
Außerdem:
Fett für die Förmchen
Hülsenfrüchte zum
Blindbacken

Zubereitungszeit:
45 Min.
Kühlzeit:
1 Std.
Backzeit:
40 Min.

Nährwerte pro Person:
692 kcal, 2895 kJ,
25 g EW, 49 g F, 39 g KH

1 Für den Teig Mehl, Backpulver, ½ TL Salz und 1 Prise Zucker mischen. Butter zwischen den Händen mit dem Mehl verreiben. Eigelb kurz unterkneten. Teig flach drücken und in Folie gewickelt 1 Stunde kalt stellen. Garnelen für die Füllung auftauen lassen.

2 Frühlingszwiebeln putzen und waschen. Weißen und hellgrünen Teil in feine Ringe schneiden. Knoblauch abziehen und fein hacken. Pfefferschote längs halbieren, entkernen und fein hacken.

3 Geschnittene Frühlingszwiebeln und Pfefferschote in 2 EL heißem Öl bei mittlerer Hitze unter Rühren 2 Minuten braten. Aufgetaute Garnelen und Knoblauch zugeben und weitere 3 Minuten braten. Dann salzen und beiseitestellen.

4 Backofen auf 200 Grad vorheizen. 4 Tarteletteförmchen ausfetten. Teig in 4 Portionen teilen. Ausrollen und in die Förmchen geben. Nochmals einige Minuten kalt stellen. Danach mit Backpapier belegen und Hülsenfrüchte daraufgeben.

5 Tarteletteförmchen 15 Minuten auf der untersten Schiene im heißen Ofen blindbacken. Für den Teig Eiweiß verquirlen. Backpapier vom Teig entfernen, Teig mit dem Eiweiß bestreichen und weitere 5 Minuten backen.

6 Für die Füllung Ei und Eigelb, Sahne sowie Limettenschale verrühren. Kräftig mit Salz und Pfeffer würzen. Koriander abbrausen, trocken schütteln und Blättchen hacken. Mit den Garnelen mischen und auf die Tartelettes verteilen. Eiersahne darübergeben und die Törtchen weitere 15–20 Minuten backen.

7 Inzwischen die Möhren und Gurke schälen. Beides auf einem Gemüsehobel in Streifen hobeln. Limettensaft, 1 Prise Zucker, Salz und Pfeffer verrühren. Öl unterschlagen und mit den Gemüsestreifen vermengen. Minzblättchen von den Stängeln zupfen, mit kaltem Wasser abbrausen und trocken schütteln, dann fein schneiden und untermischen. Salat zu den Tartelettes servieren.

Gegrillte Riesengarnelen auf Salat

Für 6 Personen:
12 Riesengarnelen
4 Stängel Oregano
Saft von 2 Zitronen
Knoblauchsalz
280 ml Olivenöl
200 g Rucola
500 g Cocktailtomaten
1 TL Senf
Salz
½ TL Zucker
Pfeffer aus der Mühle
2 EL Essig

Zubereitungszeit:
30 Min.

Nährwerte pro Person:
441 kcal, 1845 kJ,
26 g EW, 33 g F, 10 g KH

1 Garnelen waschen und trocken tupfen. Oregano waschen, trocken schütteln, fein hacken und mit Zitronensaft, Knoblauchsalz und 2 EL Olivenöl verrühren. Über die Garnelen gießen und 30 Minuten ziehen lassen.

2 Inzwischen den Rucola putzen, waschen, trocken schleudern und in mundgerechte Stücke zupfen. Tomaten waschen, trocken tupfen, mit etwas Öl einpinseln und zusammen mit den Garnelen auf dem Grill 6–8 Minuten garen.

3 Senf, Salz, Zucker, frisch gemahlenen Pfeffer und Essig verrühren. Das restliche Olivenöl unterschlagen und dann das Dressing über den Rucola träufeln. Salat auf 4 Teller verteilen, mit den gegrillten Tomaten und Garnelen anrichten und dann rasch servieren.

Hummer im Blätterteig

Für 4 Personen:
**2 gegarte Hummer (à
500 g)**
**8 große Kopfsalat-
blätter**
Salz
1 Stange Lauch
8 Champignonköpfe
50 g Butter
100 g Sahne
Pfeffer aus der Mühle
**2 Scheiben TK-Blätter-
teig**
**Mehl für die Arbeits-
fläche**
1 Ei
2 EL Milch

Zubereitungszeit:
1 ¼ Std.
Backzeit:
15 Min.

Nährwerte pro Person:
**703 kcal, 2941 kJ,
55 g EW, 43 g F, 26 g KH**

1 Die Hummerscheren mit einer Drehbewegung abbrechen und diese mit dem Rücken eines großen Messers aufbrechen. Das Fleisch mit einer Hummergabel auslösen. Den Rücken längs mit einem festen Messer aufschneiden und das weiße Fleisch auslösen. Kalt stellen.

2 Salatblätter waschen und festen Strunk abschneiden. Etwas gesalzenes Wasser aufkochen und die Blätter darin 3 Sekunden blanchieren. In Eiswasser abschrecken und je 2 etwas überlappend nebeneinander auf einem Küchentuch auslegen. Lauch längs halbieren, gut waschen und welke Stellen sowie dunkles Grün und Wurzelansatz entfernen. Lauch in Streifen schneiden. Champignons gut abreiben und in Streifen schneiden.

3 Lauchstreifen in kochendes Salzwasser geben und ca. 20 Sekunden blanchieren; eiskalt abschrecken und abtropfen lassen. Butter in einem kleinen Topf erhitzen, bis sie leicht schäumt. Champignons dazugeben und andünsten. Lauch und Sahne mit Champignons vermengen. Bei mittlerer Hitze 5 Minuten einkochen lassen. Salzen und pfeffern. Auf einem Teller abkühlen lassen.

4 Hummerfleisch zerkleinern. Beide Blätterteigscheiben auf einer bemehlten Arbeitsfläche je halbieren und leicht ausrollen. Backofen auf 200 Grad vorheizen.

5 Etwas Lauchmischung auf die Salatblätter streichen. Hummerfleisch darauf verteilen und mit restlicher Gemüsemischung bedecken. Zu 4 Kugelpäckchen aufrollen. Je 1 Salat-Hummer-Kugel auf 1 Blätterteigscheibe legen und einpacken.

6 Ei mit Milch verquirlen. Blätterteig damit einstreichen, Ränder damit verkleben. Pakete auf ein Blech legen und im Ofen 12 – 15 Minuten backen.

Jakobsmuscheln mit Cranberry-Limetten-Soße

Für 4 Personen:
1 Limette (unbehandelt)
200 ml Hummerfond (Glas)
½ TL Senfkörner
6 Zweige Thymian
1 EL heller Soßenbinder
100 g Crème fraîche
Salz
Pfeffer
20 g Walnüsse
30 g getrocknete Cranberrys
12 Jakobsmuscheln
1 EL Öl
1 EL Butter
frischer Thymian zum Garnieren

Zubereitungszeit:
30 Min.

Nährwerte pro Person:
228 kcal, 954 kJ,
6 g EW, 20 g F, 9 g KH

1 Limette heiß waschen und trocken reiben. Schale mit einem Zestenreißer in dünnen Streifen abziehen oder abraspeln. Saft auspressen.

2 Den Hummerfond in einen Topf geben. Limettenschale, Senfkörner und Thymianzweige dazugeben. Aufkochen und 5 Minuten leise köcheln lassen.

3 Den Hummerfond durchsieben und zurück in den Topf geben. Limettensaft dazugeben. Soßenbinder einstreuen und unter Rühren 1 Minuten köcheln lassen. Crème fraîche unterrühren und erhitzen. Soße mit Salz und Pfeffer abschmecken.

4 Walnüsse hacken und in einer kleinen Pfanne ohne Fettzugabe rösten. Walnüsse und Cranberrys in die Soße geben.

5 Jakobsmuscheln kalt abbrausen und trocken tupfen. Öl und Butter in einer Pfanne erhitzen. Die Jakobsmuscheln darin von beiden Seiten ca. 2 Minuten braten.

6 Jakobsmuscheln mit der Soße auf Tellern anrichten. Mit Thymian garnieren und heiß servieren.

TIPP

Dazu passt Reis. Besonders attraktiv sieht dieses Gericht aus, wenn Sie es in ausgespülten Muschelschalen anrichten und servieren.

Muscheln mit Tomaten-Petersilien-Soße

Für 4 Personen:
2 kg Miesmuscheln
1 kg Venusmuscheln
2 Zwiebeln
2 Knoblauchzehen
1 Bd. Petersilie
4 EL Olivenöl

**2 kleine getrocknete
Chilischoten
300 g stückige Tomaten
(Dose)
750 ml trockener
Weißwein
Salz, 1 Prise Zucker**

Zubereitungszeit:
30 Min.

Nährwerte pro Person:
**808 kcal, 3381 kJ,
80 g EW, 22 g F, 39 g KH**

1 Die Muscheln gründlich mit kaltem Wasser und einer Bürste waschen. Dabei entbarten und zerbrochene sowie geöffnete Exemplare entsorgen.

2 Die Zwiebeln sowie die Knoblauchzehen schälen und fein hacken. Petersilie kalt abbrausen, trocken schütteln und Blättchen grob hacken.

3 Olivenöl in einem großen Topf erhitzen. Die Zwiebeln zugeben und kurz andünsten. Knoblauch sowie die ganzen Chilischoten dazugeben und ebenfalls kurz mitdünsten.

4 Tomaten und Weißwein hinzufügen und das Ganze kurz aufkochen lassen. Dann die Muscheln unter-

rühren. 6–8 Minuten bei mittlerer Hitze köcheln lassen, danach müssen alle Muscheln geöffnet sein. Ungeöffnete Exemplare wegwerfen.

5 Die gehackte Petersilie unterheben. Die Tomatensoße mit Salz und Zucker abschmecken. Mit den Muscheln noch heiß servieren.

BEILAGE
Reichen Sie zu den Muscheln mit Tomaten-Petersilien-Soße geröstetes Weißbrot.

Pastilla mit Meeresfrüchten

Für 4 Personen:
Für die Füllung:
1 Knoblauchzehe
1 Bd. Koriander
1 Zitrone (unbehandelt)
Saft von 2 Zitronen
Pfeffer aus der Mühle
1 TL Kümmel
1 TL Ingwer, frisch
gerieben
1 Msp. Safran
4 EL Olivenöl
Salz
600 g Seeteufelfilet
150 g kleine, küchen-
fertige Tintenfische
8 Miesmuscheln
150 g küchenfertige
Garnelen
50 g Butter
Außerdem:
Butter für die Förmchen
4 Yufkablätter
50 g flüssige Butter
Zitronenspalten zum
Garnieren

Zubereitungszeit:
45 Min.
Garzeit:
25 Min.

Nährwerte pro Person:
540 kcal, 2259 kJ,
45 g EW, 26 g F, 29 g KH

1 Knoblauch abziehen und zerdrücken. Koriander waschen, trocken schütteln und die Blättchen abzupfen. Zitrone heiß waschen, trocken reiben und in kleine Stücke schneiden.

2 Die Hälfte vom Zitronensaft mit Pfeffer, Kümmel, Ingwer, Safran und 2 EL Olivenöl verrühren. Knoblauch und Koriander unterrühren, mit Salz würzen.

3 Seeteufel kalt abspülen, trocken tupfen und in mundgerechte Stücke schneiden. Die Tintenfische waschen, trocken tupfen und in dünne Ringe schneiden.

4 Miesmuscheln unter kaltem Wasser waschen und Bärte entfernen (keine offenen Exemplare verwenden!). Garnelen kalt abspülen, trocken tupfen und in Scheiben schneiden.

5 Das restliche Olivenöl und die Butter in einer tiefen Pfanne erhitzen. Den Seeteufel darin ca. 2 Minuten rundum anbraten. Die Hälfte der Zitronenstücke und übrigen Zitronensaft dazugeben und weitere 2 Minuten dünsten. Danach herausnehmen und warm halten.

6 In einem Topf restliche Zitronenstücke und die gewürzte Zitronensaftmischung erhitzen. Tintenfische und Muscheln darin bei schwacher Hitze 6 Minuten dünsten.

7 Garnelen zur Meeresfrüchtemischung geben und 1 Minute mitdünsten. Den Topf vom Herd nehmen. Muscheln herausnehmen, das Fleisch auslösen und wieder in den Topf geben.

8 Seeteufel zur Meeresfrüchtemischung geben. Die Soße darf nicht flüssig sein. Falls nötig, ohne Fisch und Meeresfrüchte etwas einkochen lassen.

9 Ofenfeste Portionsförmchen (ca. 14 cm Durchmesser) buttern und je 1 Yufkablatt darauflegen, dieses mit etwas flüssiger Butter einpinseln. Fisch, Meeresfrüchte und etwas Soße darauf verteilen und mit dem überhängenden Teig verschließen.

10 Mit übriger Butter einpinseln und im vorgeheizten Backofen bei 180 Grad 12–18 Minuten goldbraun backen. Warm mit Zitronenspalten garniert servieren.

Austern in Champagnersoße

Für 4 Personen:
1 Möhre
1 Stange Lauch
Salz
**24 frische Austern (z. B.
Fine de Claire)**
1 kg grobes Meersalz
4 Eigelb
100 ml Champagner
Pfeffer

Zubereitungszeit:
35 Min.

Nährwerte pro Person:
**148 kcal, 619 kJ,
11 g EW, 7 g F, 5 g KH**

1 Möhre schälen. Lauch gründlich waschen und von Wurzelansatz und dunkelgrünen Blattenden befreien. Beides in feine Juliennestreifen schneiden. Dann 2 Minuten in kochendem Salzwasser blanchieren. In Eiswasser abkühlen und auf Küchenpapier gut abtropfen lassen.

2 Backofengrill vorheizen. Austern öffnen. Das Wasser ausgießen und mögliche Splitter der Schale entfernen. Ein Backblech oder eine flache ofenfeste Schale mit reichlich Meersalz bestreuen. Die Austern so hineinsetzen, dass sie im Salz stehen können.

3 Eigelb in einer Schüssel mit dem Champagner verrühren und über einem heißen Wasserbad aufschlagen; das Wasser darf dabei nicht kochen. Mit Salz und Pfeffer würzen.

4 Die Sabayon über die Austern verteilen. Austern mit Gemüsejulienne belegen und in den heißen Ofen stellen. Ca. 5 Minuten gratinieren lassen. Austern rasch servieren.

TIPP

Zum Öffnen der Austern am besten zum Schutz eine Hand mit einem Handtuch umwickeln oder einen speziellen Kettenhandschuh verwenden. Mit dieser Hand die Austern auf die Arbeitsfläche drücken und ein Austernmesser zwischen die Schalenhälften schieben. Das Messer drehen, um die Austern aufzuhebeln, dann die Schließmuskeln durchtrennen. Die obere Schale abnehmen.

Garnelenspieße auf Apfelscheiben mit Ingwer-Schaumsoße

Für 2 Personen:
1 walnussgroßes Stück Ingwer
1 kleine Schalotte
1 Knoblauchzehe
6 TL Öl
1–2 TL Currypulver
125 ml Fischfond (Glas)
125 g Kochsahne
Salz
Pfeffer
3 EL heller Soßenbinder (z. B. von Mondamin)
12 rohe Garnelen ohne Schale (à ca. 30 g)
Öl für die Holzspieße
1 kleiner Apfel
3–4 TL Chilisoße
50 g Alfalfasprossen

Zubereitungszeit:
30 Min.

Nährwerte pro Person:
495 kcal, 2071 kJ,
40 g EW, 27 g F, 24 g KH

1 Ingwer, Schalotte und Knoblauch schälen. Dann alles klein hacken. 2 TL Öl in einem kleinen Topf erhitzen. Ingwer, Schalotte und Knoblauch darin andünsten, dann Currypulver darüberstäuben.

2 Fischfond sowie Sahne angießen und aufkochen. Mit Salz und Pfeffer würzen. Soßenbinder einstreuen und das Ganze unter Rühren 1 Minute kochen. Die Soße warm halten.

3 Garnelen abbrausen und trocken tupfen. Dann auf 4 leicht geölte Holzspieße stecken. 2 TL Öl in einer beschichteten Pfanne erhitzen und die Spieße darin

3–4 Minuten rundum braten. Spieße aus der Pfanne nehmen und warm stellen.

4 Apfel waschen, trocken reiben und entkernen. Das Fruchtfleisch in sehr dünne Scheibchen schneiden. Restliches Öl in einer großen beschichteten Pfanne erhitzen und die Apfelscheiben darin kurz anbraten, dabei mit Chilisoße einpinseln.

5 Die Ingwersoße mit einem Stabmixer kurz durchmixen. Apfelscheiben und Sprossen auf Teller geben und die Spieße darauf anrichten. Ingwersoße in ein Schälchen geben und zu den Spießen servieren.

Hummer Thermidor

Für 2 Personen:
1 Petersilienwurzel
1 Stange Sellerie
1 Möhre
1 Zwiebel
150 ml Weißwein
3 Stängel Petersilie
1 Lorbeerblatt
2 Zweige Thymian
Salz
Cayennepfeffer
1 gegarter Hummer (ca. 800 g)
4 cl Cognac
1 Schalotte
1 EL Butter
400 ml Fischfond (Glas)
4 EL Béchamelsoße (Fertigprodukt oder selbst gemacht)
½ TL scharfer Senf
2 EL Sahne
50 g Gouda oder Gruyère, gerieben

Zubereitungszeit:
55 Min.
Garzeit:
25 Min.

Nährwerte pro Person:
724 kcal, 3029 kJ,
75 g EW, 30 g F, 22 g KH

1 Petersilienwurzel, Stangensellerie und Möhre schälen und waschen. Zwiebel abziehen und alles in grobe Würfel schneiden.

2 ½ l Wasser und 100 ml Weißwein in einen Topf geben und aufkochen. Gemüse, Petersilienstängel, Lorbeerblatt und Thymianzweige zugeben. Salzen, pfeffern und 15 Minuten köcheln lassen. Hitze reduzieren und Hummer hineingeben. In der Brühe 10 Minuten gar ziehen lassen, aber nicht kochen. Danach Hummer herausnehmen und mit kaltem Wasser abschrecken.

3 Den Hummer längs in der Mitte mit einem großen, festen Messer teilen. Die Scheren abbrechen und mit dem Rücken eines breiten Messers aufbrechen. Das Fleisch aus Schwanz und Scheren auslösen, dabei grünliche Leber, Innereien sowie den Darmfaden entfernen. Fleisch in dicke Scheiben schneiden und mit Cognac marinieren.

4 Karkasse (Panzer) auswaschen, trocken tupfen und auf ein mit Backpapier ausgelegtes Backblech legen. Grill des Ofens vorheizen.

5 Schalotte schälen und fein würfeln. In einer Pfanne die Butter erhitzen und Schalotte darin anschwitzen, danach mit dem restlichen Weißwein ablöschen.

6 Etwas einreduzieren lassen und den Fischfond angießen. Auf ein Viertel einkochen lassen, dann die Béchamelsoße unterrühren. Durch ein Sieb abgießen und scharfen Senf einrühren. Mit Salz und Cayennepfeffer abschmecken.

7 Etwas Soße in die Karkassenhälften füllen und das marinierte Hummerfleisch daraufsetzen. Sahne in die restliche Soße rühren und über dem Fleisch verteilen. Mit dem geriebenen Käse bestreuen. Ca. 4 Minuten unter dem Grill gratinieren und heiß servieren.

Langustenschwänze aus dem Ofen

Für 4 Personen:
2 gegarte Langusten
(je ca. 1 kg)
2 Knoblauchzehen
100 g Walnusskerne
1 Bd. glatte Petersilie

1 Stängel Koriander
1 Bd. Frühlingszwiebeln
2 EL Olivenöl
100 g weiche Butter
Saft von 1 Zitrone
Meersalz

Pfeffer aus der Mühle
250 ml Weißwein

Zubereitungszeit:
55 Min.

Nährwerte pro Person:
485 kcal, 2030 kJ,
36 g EW, 35 g F, 8 g KH

1 Langustenkörper durch eine Drehbewegung von den Scheren trennen. Mit einem großen, festen Messer den Panzer längs halbieren. Kopfteil des Panzers abschneiden oder -brechen.

2 Das helle Fleisch im Ganzen aus dem Panzer lösen. Panzer waschen und trocken tupfen. Fleisch waschen und trocken tupfen. Scheren aufbrechen und Fleisch mit einer Hummergabel auslösen; fein schneiden.

3 Knoblauch schälen und hacken. Walnüsse hacken. Petersilie und Koriander abbrausen, trocken schütteln und Blätter hacken.

4 Frühlingszwiebeln putzen und waschen. In feine Ringe schneiden. Olivenöl in einer kleinen Pfanne erhitzen und Frühlingszwiebeln sowie das klein geschnittene Langustenfleisch aus den Scheren kurz bei mittlerer Hitze darin andünsten und aus der Pfanne nehmen.

5 Butter in einer Schale mit Knoblauch, Walnüssen und Kräutern vermengen. Mit Zitronensaft, Salz und Pfeffer abschmecken. Langustenpanzer innen mit der Buttermischung bestreichen und Fleisch hineinlegen. Restliche Knoblauch-Kräuter-Butter darauf verteilen. In eine ofenfeste Form setzen und den Boden mit etwas Weißwein bedecken.

6 Ofengrill vorheizen. Langusten auf der mittleren Schiene 5 Minuten grillen. Frühlingszwiebeln darüber verteilen und weitere 2 Minuten grillen.

Miesmuscheln Rheinische Art

Für 4 Personen:
2 kg Miesmuscheln
1 Zwiebel
1 Knoblauchzehe
2 Möhren
50 g Knollensellerie

1 Stange Lauch
3 EL Butter
1 Bd. Petersilie
250 ml Weißwein

Zubereitungszeit:
35 Min.

Nährwerte pro Person:
470 kcal, 1966 kJ,
52 g EW, 13 g F, 24 g KH

1 Muscheln unter fließendem Wasser gründlich abbürsten. Geöffnete Muscheln wegwerfen. Zwiebel sowie Knoblauch schälen und beides hacken.

2 Möhren und Sellerie schälen, beides in dünne Streifen schneiden. Lauch putzen, waschen und in dünne Streifen schneiden.

3 In einem großen Topf Butter zerlassen. Zwiebel, Knoblauch und übriges Gemüse einige Minuten andünsten. Petersilie waschen und Blättchen hacken; diese mit in den Topf geben.

4 Wein angießen. Muscheln zugeben und zugedeckt ca. 8 Minuten dünsten, bis sie sich geöffnet haben; öfter am Topf rütteln.

5 Nach Garzeitende geschlossene Muscheln entfernen. Muscheln mit Sud auf tiefe Teller verteilen und heiß servieren.

Register

Bildnachweis

Titelbild: StockFood
Inhalt: Alnatura: 49, 75, 87; Alpro soya: 84; Bad Reichenhaller: 118; Bamboo Garden: 60; Birkel: 56; Biskin: 17, 31; Bonisolli/Südwest Verlag: 89; California Walnut Commission: 23, 110; Cranberry Marketing Committee: 42, 44, 120; Deutsche See: 26; Du darfst: 100; Fisch-Informationszentrum: 11, 71, 72, 85, 97; Fissler: 112; Holz/Südwest Verlag: 67, 105, 119; Janne Peters Fotografie/Südwest Verlag: 33; Jan-Peter Westermann/ Seafood aus Norwegen: 13, 18, 19; Julia Hoersch/Südwest Velag: 117; Kikkoman Trading Europe GmbH: 16, 20, 52, 54; Maike Jessen/Südwest Verlag: 46, 114; Meggle: 80, 90; Mondamin: 37, 38, 78, 102, 124; Newedel/ Südwest Verlag: 96; Photocuisine: 24, 25, 27, 51, 62, 83, 103, 108, 123; Rama: 36, 57, 74, 81, 82; Seafood aus Norwegen: 4 o., 5 (2 x), 6 o. l., 6 o. r., 6 u. r., 7 o., 8 u. l., 77; Seiffe/Südwest Verlag: 14; StockFood: 4 u., 6 u. l., 7 u., 8 o. l., 8 r. (2 x), 9 (4 x), 10 (3 x), 21, 28, 29, 35, 39, 41, 43, 45, 47, 55, 59, 61, 63, 64, 65, 69, 70, 73, 79, 91, 92, 93, 95, 99, 101, 107, 109, 111, 113, 115, 121, 122, 125; Takashi Okuzumi /Seafood aus Norwegen: 34, 53; Urban/Südwest Verlag: 15